Los buscadores de oro

Augusto Monterroso

Los buscadores de oro

ALFAGUARA LITERATURAS

LOS BUSCADORES DE ORO
© 1993, Augusto Monterroso

© De esta edición:
1993, Aguilar, Altea, Taurus,
Alfaguara, S.A. de C.V.
Av. Universidad 767, Col. del Valle
México, 03100, D.F.
Teléfono 604-92-09

- Ediciones Santillana S.A. (ROU)
  Boulevard España 2418, Bajo. Montevideo
- Aguilar, Altea, Taurus, Alfaguara, S.A.
  Beazley 3860, 1437. Buenos Aires
- Ediciones Santillana S.A.
  Carrera 13 N° 63-39, Piso 12. Bogotá
- Aguilar Chilena de Ediciones Ltda.
  Pedro de Valdivia 942. Santiago
- Santillana S.A.
  Avda San Felipe 731. Lima
- Editorial Santillana S.A.
  4ta, entre 5ta y 6ta, transversal. Caracas 106. Caracas

Primera edición en México: julio de 1993

ISBN: 968-19-0176-2

Diseño:
Proyecto de Enric Satué
© Cubierta: Carlos Aguirre

Impreso en México

...Si lo que he aprendido leyendo
no lo comprendiera practicando.

COLA DI RIENZI

Me iré satisfecho
de un mundo en que la acción
no es hermana del sueño.

CH. BAUDELAIRE

I

El miércoles 23 de abril de 1986, ante un auditorio compuesto por estudiantes y profesores de la Universidad de Siena, a las cuatro y media de la tarde y con el profesor italiano Antonio Melis a mi lado, me dispongo a leer dos trabajos de mi cosecha.

Una semana antes, en Florencia, en donde me encontraba con mi mujer dando los toques finales a un libro que terminaría por titularse *La letra e*, el profesor Melis me había invitado amablemente a venir aquí a hablar y acaso discutir aspectos de mi trabajo con sus alumnos y algunos colegas suyos interesados en la literatura hispanoamericana. Él mismo me traería en su coche, y en el viaje, más o menos corto de Florencia a Siena, mi esposa Bárbara y yo disfrutaríamos el paisaje de la Toscana, intensamente florido en el inicio de la primavera.

En el trayecto, de unas dos o tres horas, pudimos contemplar en efecto las suaves colinas llenas de color que reaparecían, siempre como vistas por primera vez, después de cada curva. Cerca ya de Siena nos detuvimos y abandonamos por unos minutos el coche en medio de las altas torres medievales de Montereggione, el castillo descrito con brevedad por Dante en algún lugar de la *Divina comedia*, y alcanzamos a ver por ahí, en un muro y entre la maleza, una placa con los versos del poeta que comienzan:

Montereggion di torri si corona.

Una vez en Siena Bárbara y yo acudimos solos a ver la catedral, y enfrente de ésta la enorme plaza en forma de concha llena de hombres y mujeres jóvenes que más que turistas parecían vecinos de la vieja ciudad que pasearan o descansaran como lo habrían venido haciendo durante siglos. O así quise pensarlo.

Después de una alegre comida en la que se nos han unido algunos profesores de literatura sieneses, o que enseñan en Siena, vamos con Melis a pie a la universidad cercana.

Ya instalados en el salón, el profesor Melis habla de mí con elogio y en italiano a los presentes, entre los que busco los dos o tres rostros jóvenes, sonrientes o serios, en que me apoyaré durante mi intervención. Sin embargo, cuando ese momento llega, y como ya había supuesto que ocurriría, el pánico se apodera de mí, tengo la boca seca y un intenso dolor en la espalda, y sólo mediante un gran esfuerzo de voluntad consigo comenzar diciendo: Como a pesar de lo dicho por el profesor Melis es muy probable que ustedes no sepan quién les va a hablar, empezaré por reconocer que soy un autor desconocido, o, tal vez con más exactitud, un autor ignorado. (En ese momento pasaba por mi imaginación, además, la protagonista de un cuento mío que ante un público, primero indiferente y luego hostil, se enreda explicando que en realidad no es una actriz.)

¿Que hacía yo ahí, entonces? Por lo pronto, me aferré a la idea de que, precisamente, si quienes me oían ignoraban quién les hablaba, era bueno que yo se los hiciera saber, y comencé a hacerlo. Pero al escuchar mis propias palabras encadenándose unas con otras, a medida que trataba de dar de mí una idea más o menos aceptable, la sospecha de que yo mismo tampoco sabía muy bien quién era comenzó a incubarse en mi interior. Y así, con el temor de enmarañarme más en mis propias dudas, preferí dejar a un lado las explicaciones y pasé a la lectura de mis textos.

Mientras leía, una aguda percepción de mi persona me hacía tomar conciencia, en forma casi dolorosa, de que me encontraba en un aula de la antigua e ilustre Universidad de Siena dando cuenta de mí mismo, de mí mismo treinta años antes tal como aparezco en el texto que leía, es decir, llorando de humillación una fría y luminosa mañana a orillas del río Mapocho durante mi exilio en Chile; leyéndolo con igual temor, inseguridad y sentido de no pertenencia, y con la sensación de "qué hago yo aquí" con que hubiera podido hacerlo otros treinta años antes, cuando era apenas un niño que comenzaba a ir solo a la escuela.

Hoy, dieciocho de mayo de 1988, dos años más tarde, en la soledad de mi estudio en la casa número 53 de Fray Rafael Checa del barrio de Chimalistac, San Ángel, de la ciudad de México, a las once y quince de la mañana, emprendo la historia que no podía contar *in extenso* aquella tarde primaveral e inolvidable de la Toscana, en Italia, en que me sentí de pronto en lo más alto a que podía haber llegado a aspirar como escritor del Cuarto Mundo centroamericano, que era casi como venir del primer mundo, del candor primero que decía don Luis de Góngora.

II

Veo un río ancho, muy ancho, su corriente tranquila. Veo al fondo, a lo lejos, un cerro gris y polvoriento coronado de follaje verde; en la ladera de ese cerro unos hombres vestidos de blanco se mueven a paso lento sembrando algo, que supongo maíz, con su buey y su arado.

De este lado del río, mi casa, y en ella mi madre y una sirvienta que me miran fijamente mientras yo permanezco en cama; la figura de mi padre, muy borrosa; mi hermano; mi hermana menor. Recuerdo mi paludismo, la fiebre, la quinina que he de tomar en pequeñas pastillas de color amarillo y sabor amargo; el frío intenso anterior a la fiebre; la fiebre, el sudor, el delirio; mi esfuerzo desesperado por desasirme de unos brazos que me sujetan con fuerza contra la cama; voces lejanas y cercanas, como susurros.

Una vez más tengo fiebre a la orilla de este río en mi ciudad natal. Veo de nuevo su mansa corriente —tan ajena así a sus terribles crecidas de la época de lluvias— y en la orilla a tres niños buscadores de oro. Uno de ellos soy yo, el menor; los otros me guían, me enseñan a buscar el oro escarbando con las manos entre las piedras verdosas cubiertas de musgo, o removiendo suavemente la arena entre restos de hierro viejo y pequeños trozos de árbol carcomidos. De pronto, el más grande encuentra una delgada y brillante laminita como de diente de oro, que el río ha arrastrado quién puede decir desde dónde y desde cuándo. No me conformo con verla y quiero tocarla, envidiando la gran suerte de mi amigo mayor, quien es el que siempre encuentra las cosas buenas de cada día: los anillos, los pedazos de collar o de arete, las hebillas plateadas con la inicial del nombre de uno, los pares de ojos de muñeca.

Se ha hecho tarde. Mañana, el río ofrecerá de nuevo sus riquezas; pero la fiebre, que habrá vuelto, me impedirá esta vez ir a buscarlas. Una vez más el frío, las mantas, la quinina. El frío me hará estremecer, y con la fiebre mi mente se llenará de nuevas y horribles visiones que tardarán horas en desaparecer. Entonces mi madre pondrá su mano bienhechora en mi frente, me dará a beber unos sorbos de agua fresca, dirá algo para tranquilizarme, y yo me dormiré preguntándome desde dónde vendrán los anillos de oro, los dientes de oro, los ojos de vidrio de las muñecas.

III

Soy, me siento y he sido siempre guatemalteco; pero mi nacimiento ocurrió en Tegucigalpa, la capital de Honduras, el 21 de diciembre de 1921. Mis padres, Vicente Monterroso, guatemalteco, y Amelia Bonilla, hondureña; mis abuelos, Antonio Monterroso y Rosalía Lobos, guatemaltecos, y César Bonilla y Trinidad Valdés, hondureños. En la misma forma en que nací en Tegucigalpa, mi feliz arribo a este mundo pudo haber tenido lugar en la ciudad de Guatemala. Cuestión de tiempo y azar.

Los diferentes estados centroamericanos se unieron en una federación a raíz de la independencia de España, que se consumó el 15 de septiembre de 1821. Unos meses después esta federación decidió anexarse al México del emperador Agustín de Iturbide, del que se separó en 1823 para dividirse más tarde en cinco repúblicas (Guatemala, El Salvador, Honduras, Nicaragua y Costa Rica), cinco repúblicas libres, soberanas e independientes, como creo que aún declaran con ingenuo orgullo sus respectivas constituciones políticas. El día de hoy todavía las unen vagamente el idioma español y los colores azul y blanco que ostentan todas y cada una de sus banderas nacionales; pero es probable que en la actualidad ni los mismos niños de escuela crean en esa libertad, esa soberanía y esa independencia, por la buena razón de que hasta ahora ningún ciudadano centroamericano ha gozado, ni juntas ni en forma individual, cualquiera de esas desvaídas entelequias.

Por lo demás, y a pesar de lo que comúnmente se cree, estas repúblicas son muy diferentes las unas de las otras, étnica, económica, cultural y socialmente. Una revolución de vez en cuando (no me refiero a los frecuentes cuartelazos o simples golpes de estado militares) aquí o allá, renueva el espíritu unionista del pueblo sencillo y de los intelectuales avanzados; pero las poderosas oligarquías terratenientes, los intereses creados y, durante más de cien años, *last but not least,* la intervención abierta de los Estados Unidos, que ven allí no sin razón uno de sus traspatios políticos y económicos, las mantienen distanciadas unas de otras y mutuamente hostiles. Desde principios de este siglo, con el auge de las inversiones norteamericanas en compañías productoras y exportadoras de plátano, se las designa con el triste denominador de "repúblicas bananeras". No obstante, a través de su penosa historia, no son tan sólo plátanos lo que sus pueblos han producido. Se les debe por lo menos, y no es poco, el *Popol Vuh*, libro sagrado de los mayas; el mejor poema mundial neolatino, la *Rusticatio mexicana*, escrito en su destierro de Bolonia en el siglo XVIII por el jesuita guatemalteco Rafael Landívar, y la obra con que el nicaragüense Rubén Darío renovó y transformó a finales del siglo pasado la expresión poética en castellano, algo que no había sucedido en nuestro idioma desde los lejanos tiempos de Luis de Góngora y Garcilaso de la Vega.

En la segunda década de este siglo mi padre y varios de sus hermanos se movieron nerviosamente entre Guatemala y Honduras, y por lo menos dos de ellos, mi padre y un hermano suyo, se casaron con hermosas mujeres de familias hondureñas de la "buena sociedad". Es indudable que el sentimiento nacionalista y los antagonismos entre los cinco países no eran por entonces tan agudos como han llegado a serlo en nuestros días, y recuerdo que las constituciones políticas de cada estado centroamericano establecían (y espero que siga siendo así) que todo individuo nacido en cualquiera de ellas disfrutaría la nacionalidad que libremente escogiera entre los otros cuando así lo deseara.

Fue lo que yo hice con la ciudadanía guatemalteca cuando llegué a la edad de elegir.

De la misma manera, lo más probable es que mi nacionalidad fuera ahora hondureña si hubiera alcanzado la mayoría de edad en Tegucigalpa. Tiempo y azar. No he vuelto a ver aquella ciudad desde que entré en la adolescencia; pero guardo por ella un hondo afecto que ha ido acrecentándose con el paso de los años. Ciertos recuerdos de la niñez se acendran y me hacen verme en sus calles y alrededores como protagonista de una historia lejana y ajena y, a la vez, de hoy, propia e intensamente mía. Por otra parte, cuando a partir del triunfo de la revolución sandinista he estado en varias ocasiones en Nicaragua, en ningún momento ha pasado por mi mente que yo sea allí un extranjero. Y he sentido lo mismo en Costa Rica y en El Salvador.

Al lado de todo esto, estoy convencido de que para quien en un momento dado, de pronto o gradualmente, decide que va a ser escritor, no existe diferencia alguna entre nacer en cualquier punto de Centroamérica, en Dublín, en París, en Florencia o en Buenos Aires. Venir a este mundo al lado de una mata de plátano o a la sombra de una encina pue-

de resultar tan bueno o tan malo como hacerlo en medio de un prado, en la pampa o
en la estepa, en una aldea perdida de provincia
o en una gran capital. Enfrentar el mosquito
anófeles del paludismo en una aislada pobla-
ción del trópico o los bacilos de Koch en Praga
puede, es verdad, determinar el curso que
seguirá su vida, acortar ésta o hacerla inso-
portable y melancólica, pero no impedirle
concebir ideas originales y formularlas en frases
brillantes o, para el caso, salvarlo de pensar
tonterías y exponerlas en frases torpes. El
pequeño mundo que uno encuentra al nacer
es el mismo en cualquier parte en que se nazca;
sólo se amplía si uno logra irse a tiempo de
donde tiene que irse, físicamente o con la
imaginación.

IV

Atestiguados por un ex presidente y un futuro presidente de Honduras, y, entre otros, por un músico y un poeta eminentes hondureños, quienes serían mis padres se casaron en Tegucigalpa el 13 de abril de 1916. Mi madre tenía entonces veintiséis años y mi padre veintidós. Teniendo mi padre su arraigo ancestral en Guatemala, a partir de ese momento fueron incontables las veces que ambos se trasladaron de una a otra de esas ciudades, sin hijos y ya con ellos. Como es natural, esto hace que los recuerdos de mi primera infancia sean vagos y en ocasiones confusos en cuanto a su ubicación, o que con frecuencia acudan mezclados a mi mente.

El más lejano tiene lugar en la ciudad de Guatemala.

Estoy viviendo con mis padres, abuelos y tíos paternos en una casa muy grande, cuyo número he olvidado, de la Novena Avenida Norte. La mayoría de las casas pertenecientes en ese tiempo a la clase media acomodada, consistían, como ésta, de una sola planta con un patio central cuadrangular embaldosado o de cemento, en torno al cual se distribuían las habitaciones: inmediatamente después del zaguán de doble puerta muy ancha, una sala de recibir con amplias ventanas a la calle, a través de las cuales los transeúntes podían siempre ver el interior; después, cuatro o cinco dormitorios, un comedor con vidrieras de color parecidas a vitrales de iglesia viendo hacia el patio, y luego un traspatio con la cocina, los lavaderos y tendederos de ropa, más los cuartos pequeños para la servidumbre, compuesta por lo general por una cocinera y dos muchachas para la limpieza y los "mandados", llamadas nadie sabe por qué "de adentro", como si la cocinera no lo fuera también. En el patio central hay grandes macetas de cemento con plantas muy cuidadas, que pueden ser geranios, o helechos; en el centro, un resumidero por el que escapa el agua cuando llueve, cuando se riegan las plantas, o simplemente cuando aquél es lavado; entre el patio y las habitaciones hay espaciosos corredores y, en éstos, cada cuantos metros, columnas que sostienen el techo, del que a su vez salen gruesos tubos de metal por los que cae el agua de la lluvia. Arriba, en el amplio espacio abierto, las nubes blancas y compactas se mueven en el cielo de un azul muy limpio.

Tengo alrededor de cinco años. En el momento del recuerdo me hallo en el penumbroso dormitorio de una de mis tías, debajo de una mesa cubierta con un largo mantel de terciopelo que llega hasta el piso. Juego enormemente entretenido con una niña de mi misma edad, una negrita, hija sin duda de alguna de las sirvientas. El juego es sencillo y, hasta donde llega mi memoria, unilateral. Aislados del mundo, nos hemos puesto de acuerdo para permanecer allí escondidos el mayor tiempo posible, aunque sabemos que vendrá el momento en que los mayores comenzarán a buscarnos y a decir en voz alta nuestros nombres. De pronto el juego se ha vuelto más serio y mi abstracción en él más profunda. Sentados uno al lado del otro yo le he bajado los calzones blancos adornados con encaje y examino su sexo con enorme curiosidad y gusto, mientras ella me deja hacer, supongo que entregada a mi ávido manoseo con la misma fascinación. Ya no se trataba tan sólo de que tardaran en dar con nosotros sino de que no nos encontraran en absoluto, en tanto yo practicaba mi exploración en medio de aquellas piernitas morenas que permitían mi juego complacientes y sumisas. Sin embargo, y sin poder evitarlo, llega el instante en que una de mis tías nos sorprende y nos saca de nuestro escondite con escándalo. Y

quizá este recuerdo no tenga mayor ni menor importancia que otros; pero es el primero.
O el que por alguna razón decidí hace años
escoger como el primero.

V

Nunca he tenido buena memoria para los sucesos externos de cualquier índole, sean éstos importantes o banales. Por lo general soy incapaz de recordar y, por supuesto, de describir, situaciones o entornos, caras o portes de personas. Me es en extremo difícil decir con certeza quién estaba en tal parte en el momento en que algo acontecía, y mucho más la fecha, ni siquiera aproximada, de cuando algo ocurrió. Supongo que esta ineptitud debo achacarla, en primer lugar, a que siempre he padecido una incurable distracción y, en segundo, a que a lo largo de mi vida he vivido las cosas como si lo que me sucede le estuviera sucediendo a otro, que soy y no soy yo. Miro a este otro vivirlas en el instante en que se producen, y lo veo posponer casi conscientemente su posible emoción. Observo que este fenómeno se acentúa con los sucesos que podrían llamarse positivos, como si las cosas buenas no pudieran ser para mí ni para ese otro yo al que miro actuar, y que con seguridad tampoco las merece. Entonces pospongo por un tiempo más o menos largo la alegría que traerían consigo y espero con cautela a confirmarlas como ciertas, a la manera del *cowboy* que en las antiguas películas del Oeste muerde la moneda de plata receloso de que no sea legítima. El resultado es que, tristemente, para el momento de la aceptación, el valor de las cosas logradas ha disminuido tanto en mi estima que ya casi no valen la pena. Así, es probable que la satisfacción que me producía el lindo color rosado del sexo de mi primera pareja erótica, y el consecuente castigo que recibí al ser expulsado de aquel inocente paraíso infantil, hayan impreso en mí de manera indeleble un sentido de culpa y condena, de rotundo no merecimiento de lo bueno o lo placentero, cosas estas últimas que en todo el futuro deberían ser ya para siempre y por derecho propio sólo para los demás.

VI

Como ya he dicho, mi madre, Amelia Bonilla, era hondureña, hija de un jurista de renombre local, César Bonilla, primo hermano a su vez de Policarpo Bonilla, quien llegó a ser presidente de Honduras (1894-1900) y de quien el poeta, historiador y periodista Rafael Heliodoro Valle (a quien este presidente envió becado a estudiar en México, de donde nunca regresó a Honduras sino para salir de nuevo como diplomático) hace agradecidos recuerdos. Ismael Mejía Deras, con el seudónimo de Aro Sanso, publicó en México una biografía del doctor Bonilla que alguna vez tuve en mis manos. Mi hermano mayor hizo que este libro desapareciera de casa mediante el sencillo procedimiento de tirarlo a la basura aduciendo el rumor de que el prócer, a la hora de redactar el testamento de mi abuelo moribundo, habría sustraído a mi madre una cuantiosa parte de su herencia poniendo valiosos muebles e inmuebles a favor de unas sobrinas suyas, sin que el testador, más o menos inconsciente, se enterara de lo que firmaba. Un creo que no pariente de éste, dicho sea de paso, Manuel Bonilla, había sido también, él dos veces, presidente de Honduras (1903-1907, 1911-1913), la segunda gracias a su complicidad con Samuel Zemurray, fundador y principal cerebro norteamericano de la United Fruit Company, quien lo envió a Honduras desde los Estados Unidos —en donde vivía en el destierro— a bordo de un barco destartalado lleno de armas de segunda o tercera mano con las que derrocó al presidente legítimo, Miguel Dávila.

En su oportunidad supe por referencias familiares y de otra índole que antes de ir a México Rafael Heliodoro Valle anduvo enamorado de mi madre, a quien dedicaba versos románticos en el nuevo estilo modernista; pero ella prefirió unirse a quien años después sería mi padre.

Mi padre, Vicente, he de repetirlo, era hijo del general guatemalteco Antonio Monterroso, de quien se murmuraba que por aspirar a la presidencia de Guatemala fue hecho envenenar por alguno de sus rivales políticos; generales asimismo, por supuesto.

Puede ser cierto, de acuerdo con otro de mis recuerdos de infancia.

Mi tía Lo (por Dolores), la más joven de las hermanas de mi padre, nos lleva cogidos de la mano, a mi hermano mayor y a mí, por una céntrica calle de la ciudad de Guatemala. Ha acudido a recogernos al colegio a hora desusada, a media mañana. No nos informa sobre la causa, pero nos exige caminar con paso rápido. Una suave llovizna moja nuestras cabezas y hace brillar el adoquín de las calles. Me gusta la llovizna y me gusta ese brillo.

Sólo cuando hemos llegado a la casona de la Novena Avenida la tía Lo nos susurra al oído, mientras nos arregla un poco la ropa y nos seca el cabello, que el abuelo ha muerto y que debemos ir a verlo en su habitación, en la que se encuentra tendido. Vamos, y, en efecto, ahí está, en su cama, vestido ya con el vistoso uniforme de gala con el que sería sepultado. Permanecemos ahí un tiempo más o menos largo, entre miembros de la familia que sollozan y personas extrañas que van y vienen, contemplan el cadáver durante unos minutos y se retiran compungidas. Veo el cuerpo rígido, ajeno a todo. Observo el cabello también gris cortado en forma de cepillo. En el otro extremo puedo ver las puntas redondas de sus botas negras, muy brillantes. Mientras tanto, no sé muy bien si hacer vagar la mirada en el techo de la habitación, o si mi deber es mirar fijamente el rostro del muerto sin distraerme ni dar muestras de inquietud. Por fin salimos de ahí al corredor, en donde iban siendo acomodadas contra las paredes las grandes coronas mortuorias que comenzaban a llegar.

De cierta horrible espuma que al agonizar se afirma que arrojaba por la boca, restos de la cual siempre he creído haber visto en las comisuras de sus labios duramente cerrados, se desprendía la versión del envenenamiento, que habría perpetrado su asistente militar poniendo no sé qué polvos en la fruta de su desayuno.

Más tarde —los niños permanecimos en casa— escuché los pormenores de su entierro. Entre las honras y ceremonias con que éste se llevó a cabo se incluía la solemne marcha al cementerio en un furgón del ejército que atravesaría varias calles céntricas de la ciudad a los acordes de no recuerdo qué fúnebre música de Beethoven.

Pocos años después la tía Lo, mi abuela Rosalía y mi tía del mismo nombre morirían ahogadas. La imprevista creciente de un pequeño río casi siempre seco, sobre el que su automóvil descapotable se detuvo unos instantes debido a una avería sin importancia, las arrastró cuando en compañía de otro de mis tíos y su pequeño hijo (que se salvaron) se dirigían a una hacienda a pasar un fin de semana.

VII

Uno puede escoger sus antepasados más remotos. Y aun a veces se presentan en forma imprevista. Los más lejanos antecedentes de mi apellido paterno los he ido encontrando por casualidad. Hubo en España un licenciado Gabriel Monterroso, autor de una popular *Práctica civil y criminal e instrucción de escribanos* (Alcalá de Henares, Andrés de Angulo, 1571), en la cual, entre otras cosas, mi probable ancestro imparte instrucciones precisas y detalladas sobre la manera exacta de aplicar los más diversos tormentos a los delincuentes (*Quijote*, edición de Francisco Rodríguez Marín, Espasa Calpe, Madrid, vol. IV, p. 144 *n*.). Dicha obra "aparece en casi todas las listas de libros de la época, y su autor, por decreto real de 1569, gozaba de monopolio exclusivo para las Indias" (*Los libros del conquistador*, Irving A. Leonard, Fondo de Cultura Económica, 2a. ed., México, 1979, p. 213).

Puedo ser también, por dicha, la re-encarnación de un oscuro poeta italiano del Renacimiento.

Cierto día de febrero de 1986 recibí de España una carta escrita en catalán, que en parte traduzco:

Un artículo suyo publicado en *El País* —comenzaba— en ocasión del centenario de Quevedo, fue el detonante final de mi curiosidad erudita y el desencadenante del artículo que —jubilado de la Dirección del Museo de Historia de la Ciudad de Barcelona, y ya simbólicamente *sub tegmine fagi*— he preparado en los meses finales de 1985.

A las 7:20 de la mañana del 19 de septiembre de 1985 un terremoto había arrasado parte de la ciudad de México, y el mundo entero se había estremecido ante la idea de que esta ciudad, la más poblada del orbe, se encontrara en ruinas.

Por tal motivo —añadía la carta refiriéndose a la catástrofe mexicana— no le envío más que la primera parte del artículo; si llega a sus manos y le interesa, le enviaré la segunda y final. (f) Frederic-Pau Verrié.

Como la mayoría de las veces prefiero hacer un largo viaje para hablar con quien me ha escrito en lugar de contestarle por carta, no fue hasta el viernes 23 de mayo de 1986 cuando busqué en persona a mi corresponsal catalán en Barcelona. Al escuchar inesperadamente mi voz por el interfono de su departamento del Passeig de Contes I, 200, 3a, 1a, Frederic-Pau Verrié no podía dar crédito a lo que oía. Instantes después lo encontré en el tercer piso, a la salida del elevador, esperándome con los brazos abiertos y con una amplia sonrisa sólo interrumpida por sus exaltadas palabras de bienvenida e incredulidad, que parecía decir:

—¿De manera que está usted vivo?

De su exagerado entusiasmo colegí que por mi falta de respuesta escrita durante todo aquel tiempo mi nuevo y desconocido amigo me había dado por sepultado bajo las ruinas de la ciudad de México.

Luego, con extremos de proverbial cortesía catalana, me rogó pasar a su estudio, un recinto tan atestado de libros y documentos en (aparente) desorden, que a duras penas encontramos lugar en él para que yo pudiera sentarme en una pequeña silla previamente desembarazada de mapas y legajos. Mi mujer, que me acompañaba, logró hacerlo sobre una pila de infolios, diccionarios, y otros gruesos libros de referencia. Después de que mi sabio llamó por teléfono a dos o tres amigos y amigas para darles la alegre noticia de que yo estaba vivo, conversamos.

En efecto, el 10 de diciembre de 1980 yo había publicado en el diario *El País* de Madrid, con motivo del cuarto centenario del nacimiento de Francisco de Quevedo, un diminuto ensayo, la esencia del cual consistía en recordar que una tarde de 1778, en Londres, y según cuenta James Boswell en su *Vida de Samuel Johnson*, este hombre notable y pomposo había pronunciado, como al pasar y de mal humor, el nombre de un tal Janus Vitalis, seguido de los siguientes versos latinos:

.............*immota labescunt* [sic]
et quae perpetuo sunt agitata manent,

todo a propósito del soneto de Quevedo "A Roma sepultada en sus ruinas", que comienza

Buscas en Roma a Roma, ¡oh, peregrino!

y termina con los inolvidables versos

huyó lo que era firme y solamente
lo fugitivo permanece y dura.

Siguiendo la pista —registrada en mi artículo— de ese raro poeta mencionado al desgaire por el doctor Johnson (su nombre, el de Janus Vitalis, ni siquiera aparece registrado en el Índice Onomástico de ninguna de las ediciones que poseo de la *Life* de Boswell), el doctor Verrié encontró prácticamente todo lo que había que hallar acerca de la vida y de la obra del Janus Vitalis en cuestión, poeta neolatino autor de oscuros epigramas en latín y de una (olvidada, por supuesto) *De divina trinitate*. Pues bien, lo que a nosotros en verdad nos interesaba es que entre esos epigramas había uno, uno en especial —que de hecho lo inmortalizará—, con el tema de las ruinas de Roma y la fugacidad de las cosas hechas para perdurar, tema que, como se sabe, llegó hasta Quevedo después de pasar por Joachim du Bellay en sus *Antiquités de Rome* (*"Nouveau venu qui cherches Rome en Rome"*), por Jacques Grévin, en alguna forma por el polaco Nicola Zep Szarzynski, y hasta por el inglés Edmund Spenser.

Tratando de establecer quién fuera ese poeta semidesconocido y de dar con la paternidad de esa idea luminosa: la fugacidad de lo firme y la perennidad de lo frágil, que Du Bellay puso de nuevo en marcha con su soneto y hace hoy resplandecer la memoria de Quevedo, el doctor Verrié, con paciencia y minuciosidad de arqueólogo literario, recorrió las bibliotecas europeas (y fueron muchas) que pudieran ofrecerle un dato, una señal, y ha dejado exhaustivamente claro que su primer autor moderno, por llamarlo así, fue (como lo sabía Johnson, que lo sabía todo) Janus Vitalis, poeta de la corte del papa León x (Giovanni de Medicis) en pleno Renacimiento, para ser muy pronto olvidado junto con sus restantes epigramas latinos hasta el extremo de desaparecer por completo de cualquier historia reciente de la literatura italiana. Y así, además, el doctor Verrié ha realizado la más completa investigación acerca de los orígenes y secuelas del soneto de Quevedo que se haya hecho en cualquier idioma.

Ahora bien, ¿qué me llevó a mí a reparar en ese nombre en la biografía de Samuel Johnson —nombre en que ninguno de los grandes eruditos y especialistas hispano--americanos modernos había reparado— sino la fuerza con que, dentro de mí, el poeta, cerca de quinientos años después de muerto, me conminaba con desesperación a señalarlo y ponerlo en el lugar en que alguien como el doctor Verrié lo viera —y lo vio por casualidad— y decidiera sacarlo del lóbrego sitio en que estaba aprisionado, como un "genio" de *Las mil y una noches* está aprisionado durante siglos en una botella esperando a su accidental liberador? Y éste resultó ser un sabio catalán que por azar tropezó un día en la prensa española —en la que yo nunca antes había colaborado— con el artículo de un remoto autor salido de la selva centroamericana, y que contribuirá a que el nombre de un poeta borrado de la mente de sus compatriotas vuelva a ocupar su sitio en la literatura de su país, Italia.

Como si todo esto fuera poco, y por más señas, pues de eso se trata, debo añadir que en su investigación el doctor Verrié encontró que el nombre completo del poeta olvidado era Janus Vitalis de Monterosso.

El título del libro de Frederic-Pau Verrié, escrito en italiano y aún inédito (octubre de 1992) es *Il caso dell'anonimo veneziano del 1554.* Poseo un ejemplar del manuscrito con esta dedicatoria autógrafa:

A Augusto Monterroso —quizás descendiente de Janus Vitalis— que, sin querer, me dio el empujón. Por lo tanto, si logré alcanzar *"una veritá probabile altraverso una serie di sicuri errori"* (U. Eco, *Le nome della rosa*) también a él, aunque tampoco lo quiera, le corresponde una parte de mi responsabilidad.

Lastimando la modestia del doctor Verrié, y sin pedirle permiso para hacerlo, he resumido aquí esta historia, de más de cien cuartillas en su original. Le ofrezco disculpas.

Conviene advertir, por último, que mi interés por las genealogías es nulo. Por línea inglesa directa todos descendemos de Darwin.

VIII

Sé que nací en un sector de Tegucigalpa llamado entonces Barrio Abajo (¿o se llamaba La Olla?), en una casa bastante grande en la que mi padre había instalado una imprenta. Del interior de la casa no recuerdo nada en absoluto, si bien en mis retinas persisten, imborrables, cierto vago color malva de la fachada y seis u ocho escalones por los que se subía de la calle a la primera (y creo que única) planta. Pero de la imprenta se arraigaron con fuerza en mi memoria el olor, las prensas de pedal con su grande y redondo plato de metal que subía y bajaba lamido por el rodillo que lo recorría entintándolo una y otra vez; esos mismos rodillos hechos de un material gelatinoso entre firme y blando de color café oscuro, que se aclaraba cuando estaban recién lavados; su alargada estructura cilíndrica y el brillo y la consistencia de aquella tinta negra con que pronto se les volvería a impregnar. Tengo asimismo presentes los altos chibaletes en que se depositaban las aplanadas cajas de caracteres, unas sobre otras; y las cajas mismas con sus divisiones asimétricas, cada división destinada a guardar una letra y un signo tipográfico distintos; el tamaño y la forma de las diversas letras acostadas, por decirlo así, en el extremo de diminutos paralelepípedos de acero, y el pequeño aparato metálico y manual llamado componedor, en el que el maestro tipógrafo ponía con asombrosa rapidez y habilidad un tipo tras otro hasta formar las palabras, las cuales a su vez se convertían en renglones que su mano iba acomodando debajo de los anteriormente formados para convertirlos en pequeños bloques de unos diez centímetros de alto, los que por último extraía del componedor, los colocaba junto a otros, y los ataba con firmeza con cuatro o cinco vueltas de cáñamo, y esto terminaría por convertirse en una página o una galera. En otras ocasiones, con letras de madera de tamaño mucho mayor, formaba también palabras más grandes, como las que, todavía sin saber leer, yo distinguía muy bien en los avisos de los periódicos.

Ese mismo hombre era bueno conmigo y me permitía jugar con una de las cajas, o, supongo que para mantenerme quieto y sin distraer la atención de los demás cajistas, me ponía a colocar las letras en sus respectivos lugares, pues ya utilizadas había que volverlas a sus sitios; pero esto era un trabajo arduo, toda vez que yo apenas las distinguía una de otra, y es cierto que era fácil encontrar vocales como la I o la O, pero una consonante como la G, digamos, comenzaba a ser un problema por su semejanza con otras; en cuanto a las minúsculas, la dificultad consistía en que por lo general no se parecían mayor cosa a sus correspondientes mayúsculas. Ante mi absorta mirada de asombro, el maestro tipógrafo redistribuía las letras de una manera tan rápida que en escasos segundos lograba lo que yo habría tardado años en hacer, si es que alguna vez me hubieran permitido permanecer ahí el tiempo necesario para intentarlo.

Cuando hoy leo que el invento de Johannes Gutenberg no fue la imprenta propiamente dicha sino el tipo móvil, recuerdo aquellos juegos infantiles y veo con claridad en qué sencilla cosa consistió su genio, y cómo con la posibilidad de reunir, usarlos y redistribuir los caracteres para ser usados de nuevo revolucionó todo, y lo que en realidad inventó sin saberlo, como ahora nosotros sí lo sabemos, fue la era industrial. Ya casi no existen tipos móviles y ni siquiera tipos, y mucho menos rodillos o tinta, y el olor a imprenta será hoy cualquier cosa, menos el viejo olor a imprenta.

En casa aquellas letras, no todas pero por lo menos sí las vocales, me esperaban en forma de cubos de madera de diferentes colores. Cuando pasado el tiempo, siendo ya mayor, leí el soneto *Voyelles* de Arthur Rimbaud, que comienza:

A noir, E blanc, I rouge, U vert, O bleu: voyelles

que mis compañeros aprendices de escritores como yo consideraban una genialidad del poeta (genialidad, desde luego, lo era, pero en otro sentido, no en el meramente sinestésico que ellos le atribuían) y —lo que sí ya era malo para mí y me molestaba— como una terrible falta de imaginación de mi parte, yo recordaba y veía con claridad la forma, el tamaño y el color de cada una de las vocales cúbicas de mi infancia, y sostenía que Rimbaud sólo hacía alusión a los colores de las vocales de *sus* cubos. Pasado más tiempo aún, encontré esta misma teoría en no sé qué biógrafo o comentarista del poeta, pero es ya muy tarde para reubicarlo y convencer con esta autoridad a mis viejos amigos; o demasiado también para reubicarlos a ellos, algunos fuera ya de este mundo y a lo mejor riéndose de todo esto con Rimbaud en el otro. Entonces prefiero volver a los días de inocencia en que por mis manos pasaban en la imprenta de mi padre aquellos pequeños objetos de peso mucho mayor que el que correspondería a su tamaño comparado con las dimensiones relativamente enormes de los cubos de madera desparramados al pie de mi cama, con la A negra, la E blanca, la I roja, la U verde y la O azul de la poesía o de los sueños, y que arreglados de otro modo pueden ser los de una realidad áspera u horrible en la prosa de los decretos, o aburrida de los reglamentos municipales; entonces pienso en Marshall McLuhan y en su Galaxia de Gutenberg alejándose, con nosotros adentro, hacia el pasado infinito, para dejar su lugar a la Galaxia Marconi con sus sonidos extraños y sus rápidas imágenes camino de *otro* infinito hacia el futuro; y entonces, por fin, espero que de manera milagrosa las cuarenta y dos líneas por página de la *Biblia* latina de Gutenberg y el delfín de Aldo Manucio sensualmente enrollado en su ancla vuelvan a aparecérsenos de pronto a la vuelta de la esquina, dentro de las leyes, esperanzadoras o siniestras, del eterno retorno.

IX

Recuerdo el exterior, la fachada y el color violeta pálido del interior de nuestra casa como si la viera hoy mismo; pero soy incapaz de representarla con palabras debido a la enorme dificultad que siempre he experimentado para describir lugares o para hacer retratos físicos de personas, reales o ficticias, de las cuales tiendo más bien a buscar o imaginar la vida interior, con su amasijo de conflictos verdaderos o imaginarios.

Sin embargo, cuando a veces me esfuerzo, de mi infancia hondureña visualizo vivamente espacios y lugares: ciertos arroyos y quebradas con sus piedras resbaladizas bañadas por el agua cristalina; pesadas carretas de bueyes cargadas de caña de azúcar moviéndose con perezosa lentitud en el traspatio de una casa de hacienda en el mediodía caluroso, y en el que una vaca me ve pasar mientras rumia su pasto; el color y la forma de algunos arbustos con pájaros que se mueven nerviosos en sus ramas; el musgo grisáceo de las cercas de piedra vistas en paseos cercanos a la ciudad; el polvo de una carretera de tierra removido por el paso que se suponía rápido de un automóvil, los llanos quemados y aún cenicientos como consecuencia de la roza hecha recientemente por los campesinos; y, con mucha precisión, nubes, nubes muy blancas o plateadas desplazándose con majestad en el cielo abierto; y en relación con estas nubes, algo para mí muy importante: unos versos que las establecieron de manera simbólica en mi memoria, pero el nombre de cuyo autor he olvidado:

Las nubes con sus formas caprichosas
revolando impelidas por el viento
me hicieron meditar por un momento
en la efímera vida de las cosas.

Desde entonces aquellas nubes de verdad, y estas otras literarias de contornos cambiantes moviéndose entre sus propios adjetivos y vocales acentuadas, han sido tenazmente fieles en mi recuerdo; y esos versos, aprendidos con toda seguridad más tarde en la escuela pero que expresaban lo que sin duda sentí por ellas cuando aún muy niño me embebía observando sus formas mudables, sus distintas velocidades y la manera misteriosa en que de pronto ya no estaban allí, se encargaron paradójicamente de fijarlas para siempre en mi imaginación, asociadas a veces con interminables convalecencias o con una ventana desde la cual, enfermo, durante las mañanas, contemplaba con tristeza este lado y el otro lado del río con sus fantásticas posibilidades de aventuras.

X

En mi alto insomnio veo a veces a un niño de nueve o diez años sentado en una silla reclinada contra la pared de un corredor y sostenida en el piso sobre sus dos patas traseras. A lo lejos, más allá del río, aparece una vez más, insistente, la ladera polvorienta en la que el niño ve un día tras otro las diminutas figuras de dos campesinos moviéndose lentamente con su buey y su arado, y que a fuerza de repetirse se han vuelto familiares. En ocasiones, con un par de anteojos de larga vista, puede ver casi al alcance de la mano sus rostros curtidos por el sol, su ropa, consistente en camisa y pantalón de manta blanca, y sus toscas sandalias de cuero, llamadas "caites", con que apisonan el surco después de depositar en él las semillas de maíz.

El niño tiene en las manos un grueso libro abierto que ha apoyado por un momento en sus piernas.

En una lámina de ese libro se ve por tierra, traspasado el pecho de parte a parte por una espada, el cuerpo de un hombre muy joven, un adolescente, quizás; a su lado, en el suelo y casi perpendicular a la herida de entrada, se insinúa un pequeño poso de sangre; atrás, una mujer notoriamente abatida por el hecho, cubre su rostro con ambas manos: quiere y no quiere ver al caído; otro personaje flexiona la pierna derecha y tiende sus brazos en dirección al herido, en actitud de quien va a socorrerlo. Más al fondo, pero no lejos de esta escena, se ve un grupo de seis personas, entre las cuales puede observarse una sin mayor relieve, excepto por el hecho, aquí como natural, de que viste peto y hombreras de armadura antigua, sostiene un escudo redondo en su brazo izquierdo, y con la mano de ese mismo brazo empuña una lanza nada amenazadora que apoya con firmeza en el suelo.

Entre la escena viva campestre (todavía no conoce la palabra "bucólica") de sus campesinos reales, y la imaginaria del libro *Don Quijote de la Mancha* compuesto por Miguel de Cervantes Saavedra más de trescientos años atrás, en la que el ingenioso Basilio el Pobre se vale del ardid de fingirse suicida para minutos antes de la boda birlarle la novia a Camacho el Rico, se está decidiendo el camino, en realidad largo y tortuoso pero no necesariamente dramático, por el que el niño

arribará, arribó ya sin que él mismo lo sos-
peche, a dos cosas que serán fundamentales
en su vida: la literatura y la toma del parti-
do del débil frente al poderoso.

En otro instante y en otro lugar de
aquella casa, el mismo niño, por la tarde, espera inquieto la entrega del diario *El Cronista* con la tira de tres dibujos sucesivos en
que momentos más tarde observará, como
detenido en el tiempo, un mínimo pero para
él importantísimo episodio del viaje del na-
vegante portugués Vasco de Gama en busca
de nuevos mundos. Ya está ahí la carabela que
navega en mar abierto a vela desplegada, y en
cuya cubierta, con algo que puede ser un mapa
en la mano de uno de ellos, tres hombres de
barba vestidos con ropas y cascos semejan-
tes a los de los conquistadores españoles del
siglo XVI, discuten, agitan los brazos con calor,
y deciden valientemente continuar su derrotero
hacia lo desconocido. Esta noche, Vasco de
Gama y sus compañeros de peligros llenarán
la imaginación del niño y apartarán su mente del paisaje campesino inmediato, así como
de su propia época, para hacerlo compartir con
ellos aquella aventura real (puesta ahí ahora
en el reino de la fantasía) que los llevó a explorar el planeta por caminos más largos y
tortuosos que los que guiarán a su absorto
admirador hacia la literatura, en la cual se

encuentra ya sumergido ese atardecer impaciente.

Los caminos que conducen a la literatura pueden ser cortos y directos o largos y tortuosos. El deseo de seguir en ellos sin que necesariamente lo lleven a ningún sitio seguro es lo que convertirá al niño en escritor. Una vez más, entre la escena real y la imaginaria, escoger esta última es una decisión inconsciente que tendrá que pagar en lo que le espera de vida con una alta cuota de trabajo, disciplina y sufrimiento, si quiere en verdad no llegar nunca, explorar mundos desconocidos y, sin detenerse, seguir de nuevo como al principio.

XI

La escuela nunca me gustó y siempre la rechacé. Mis escasas experiencias vitales me habían hecho demasiado tímido como para enfrentar día a día sin angustia los problemas que cada mañana traía consigo, ya fuera en los salones de clase como en los recreos. La aritmética, la geografía, la botánica, presentaban todos los días dificultades que había que vencer por orgullo o por vergüenza, pero nunca por placer o con gusto; las multiplicaciones de quebrados (las divisiones de quebrados pasaron muy pronto a ser algo absolutamente fuera de este mundo); el dibujo de un mapa de Centroamérica con el trazado de sus sinuosas líneas divisorias, que por supuesto en mi cartulina no coincidían nunca, ni de manera remota, con las del reluciente original colgado en la pared que nos servía de modelo; o el de las montañas, los lagos y los ríos que había que colorear con crayones verdes o azules; distinguir una planta fanerógama de una criptógama y hacer las descripciones de las flores con sus corolas, estambres y pistilos; en fin, todo lo que hubiera que aprender por fuerza, constituía un cúmulo de signos amenazadores que se revolvían en mi mente cuando me dirigía a la escuela. Por lo general iba a la escuela solo, a pie, distrayéndome en el trayecto con los pequeños arroyos que se formaban en los lados de las calles sin pavimentar en la temporada de lluvias; buscando en la tierra mojada hormigas gigantes o zompopos para ponerlos a pelear entre sí y ver cómo terminaban destrozándose; viendo una manada de perros que se disputaban con ferocidad la posesión de una escuálida hembra asustada; bueno, cualquier cosa que sirviera para retrasar el mayor tiempo posible la llegada a la escuela y el cruce de la alta puerta de madera que se cerraba en forma inexorable a las ocho en punto.

Sin mucho esfuerzo saco también del almacén de mi memoria otros momentos de suplicio que sólo variaban de forma o de lugar: una clase de agricultura práctica, en la que había que trabajar en arriates con toda suerte de instrumentos: azadones, almádenas (que decíamos "almáganas"), rastrillos, palas, barras, bieldos, alicates, martillos (lo más difícil: traspasar con clavos, sin lastimarse los dedos, una delgada tira de metal azul que debía ser fijada en trozos de madera para señalar los límites del arriate), y sembrar en ellos, entre otras hortalizas, coles, rábanos y lechugas; preparar almácigos y señalar su ubicación con tarjetas con su nombre común y científico fijadas en palitos *ad hoc*; regar con regadera de mano una tierra removida con azadón por uno mismo, en la que se veía retorcerse desesperados a los gusanos y a las lombrices, y de la que se salía con los zapatos cubiertos de lodo (eso estaba bien); los coscorrones del profesor por hacer todo esto mal o a regaña-dientes; el sol riguroso cayendo directamente sobre la cabeza descubierta en los calurosos días del verano; la envidia que me producían algunos compañeros, mayores y menores que yo, diestros en el manejo del pico, o la aza-da, o el martillo y los clavos de doble punta afilada que se sacaban, como si nada, uno a uno de la boca.

A todo esto, y a otras horas, había que añadir la constante amenaza de un llamado del director a la Dirección; los ejercicios de caligrafía Palmer con sus círculos y diagonales que había que hacer con tinta negra y con plumillas (puestas en el extremo de un canu-tero) metálicas, doradas o plateadas, cuyas puntas se rompían siempre al segundo intento; aprender de memoria los nombres de los sucesivos puntos de las fronteras de cada país centroamericano con sus respectivos vecinos,

nombres de los que ahora recuerdo uno, quizá
por su sonoridad: El Mal Paso de Similatón.
¿Qué cosa podía ser ese Similatón: un barranco,
un río, un personaje, un despeñadero? ¿Entre Honduras y Guatemala? ¿Entre Honduras
y Nicaragua? ¿A quién le importa? ¿A quién
podía importarle? Pero no saber señalar su
lugar preciso significaba entonces amonestaciones, vergüenza y sufrimiento.

En cuanto a los recreos, en ellos me
esperarían día a día los juegos en los que pese
a mis reiterados ensayos nunca pude interesarme de veras, debido sobre todo a mi total
incapacidad para intentarlos en serio y dedicarles la atención y el esfuerzo (yo era perezoso) que requerían; o las peleas a puñetazo
limpio con los otros niños, que me atraían aún
menos, pues o yo ganaba a los golpes y después de un fugaz momento de orgullo —y de
íntima sorpresa, por otra parte, ante mi
triunfo— me quedaba culposo y arrepentido; o perdía, y entonces la humillación ante
mi derrota me atormentaba y se instalaba
dentro de mí durante un tiempo exageradamente largo.

XII

Me alegra la posibilidad de fabricarme aquí un resquicio para declarar que en la escuela pública a la que asistí no todo tenía que ser sufrimiento. Como compensación de los dolores descritos antes se hallaban las clases de música. Una vez a la semana dos horas divertidas durante las cuales cantábamos y se nos enseñaba solfeo elemental; es decir, por lo menos la altura de cada nota según el lugar que ocupara en el pentagrama, y su duración o valor según si el ovalito acostado era negro o blanco. Me fascinó aprender que el do, que era el punto de arranque, se ponía dos espacios debajo de la primera línea inferior, y que las notas se iban convirtiendo en más agudas a medida que las bolitas subían al mismo tiempo que avanzaban hacia la derecha como en una escalera y se me iba haciendo claro que en efecto las líneas del pentagrama constituían una escalera, o escala. Había a mano allí un libro abierto en el que podía verse un fascinante dibujo que representaba una especie de pirámide con el valor de las notas musicales. En la cúspide reinaba sola una redonda que era más bien ovalada como una diminuta tortuga o, mejor, como una arañita satisfecha con su tela tendida hacia abajo bifurcándose en su equivalente de dos blancas, a las que les había salido un palito que les daba un parecido a la letra p; de éstas colgaban cuatro negras que se convertían en ocho corcheas para volverse dieciséis semicorcheas que pasaban a ser treinta y dos fusas, todo lo cual se asentaba en la base de la pirámide constituida por sesenta y cuatro semifusas parecidas a un ejército de pequeñísimas hormigas que marcharan en fila india con una sola pata (¿quién podía decir a dónde?, pero) siempre a la derecha.

Las clases consistían en solfeo y en el aprendizaje de canciones ingenuamente patrióticas. Daba la clase de canto el propio director, el mismo al que todos temíamos enfrentar cuando nos hacía acudir a su despacho de la Dirección en circunstancias menos felices. El hombre hosco y malhumorado de las represiones se convertía aquí en una persona amistosa, jovial y, si uno se fijaba, hasta un poquito ridícula. Llamaba la atención la forma en extremo delicada en que con rebuscados ademanes cogía la flauta entre sus dedos morenos, cortos y regordetes, se la colocaba horizontalmente debajo de la nariz, y la hacía emitir, como probándola, cada nota: do, re, mi, fa, sol, la, si, do, re, mi, fa, sol, la, si, do, hasta que el pequeño instrumento llegaba a lo más alto de que era capaz; y me gustaba observar la forma en que aplicaba sus labios húmedos y fruncidos al primer agujero, y con qué rapidez movía los dedos sobre dos de esos hoyitos para producir un trémolo. No sin curiosidad consciente observaba también el temblor de los gruesos pelos de su corto bigote negro e hirsuto que tanto me atemorizaba cuando este mismo hombre asumía con severidad su papel de director de la escuela, de pie y amenazante detrás de su escritorio. Aquí, y en estos momentos, por lo contrario, parecía divertirse y hasta enternecerse, lo que hace una de las pocas ocasiones felices que recuerdo de mis años escolares.

En cuanto a las canciones, siempre tenían, por supuesto, un fuerte sentido pedagógico, o cívico, o hasta, como diríamos hoy, ecológico. En este momento recuerdo sólo en parte los versos y la música de por lo menos tres:

Viva el pino por siempre en la tierra
que benigna la vida nos dio,
y por siempre se muestre imponente
a los besos ardientes del sol,

(ardientes, ¿o era radiantes?) del Himno al Pino. El pino era el árbol sagrado que se nos enseñaba a venerar como una de las bendiciones que el buen Dios había derramado en aquella su tierra favorita, en la cual, a su vez, Él, o una extremada buena suerte, nos había hecho nacer. Sobre esto último, un famoso compositor nacional de esa época tenía compuesta una canción, más optimista aún, que también aprendíamos y cantábamos a la menor oportunidad:

> *Qué dicha tan grande*
> *nacer en Honduras*
> *como lo desearan*
> *todas las criaturas.*

Mi recuerdo de otra es más fragmentario aún:

> *En los albores* (o algo así) *de nuestra patria*
> *[pura*
> .... *en un arco*
> *es como la concreción de la lectura*
> *en una página* (largo silencio) *austera de*
> *[Plutarco.*

Después de la palabra "página", marcando bien su condición de esdrújula, se hacía un silencio como de Beethoven, de unos tres compases, antes de arribar lánguidamente al "austera de Plutarco", con la a de Plutarco muy alargada, tal como aún la oigo y quizás como convenía para que nuestras mentes infantiles no olvidaran nunca ese nombre, como yo no lo olvidé. Cuando más tarde me enteré de quién fuera ese Plutarco, sus *Vidas paralelas* estuvieron siempre y están aún marcadas por la vibración de esa a alargadísima.

Convencido de nuestro talento musical, o quizá tan sólo deseoso de ver si teníamos alguno, un tiempo más tarde nuestro padre nos puso, a mi hermano mayor y a mí, un profesor particular de música que venía en las tardes a casa a tratar de enseñarnos a tocar los instrumentos, que libremente escogimos —todavía me pregunto por qué— en razón inversa a nuestro tamaño: mi hermano el violín y yo el chelo.

Nuestro profesor resultó ser un hombre bajito, abnegado y más bien tímido. Subía a nuestra casa de entonces por la estrecha acera de una calle empedrada con piedra de río, pegándose siempre lo más posible a la pared de las casas con el fin de aprovechar la sombra de los aleros de teja que lo protegiera del sol de las dos de la tarde, y deteniéndose a respirar fatigosamente cada diez o doce pasos para calcular con angustia lo que todavía le faltaba de camino empinado. El pobre maestro Ardila, con sus zapatos polvorientos, su traje negro en el intenso calor, su peinado de raya en medio y su sonrisa resignada, se encaminaba tres veces semanales al fracaso en su empeño de hacernos avanzar en el aprendizaje del método *Eslava*, y más todavía en su intento de hacernos arrancar con un mínimo de limpieza las primeras notas de nuestros flamantes instrumentos. Puedo sentir aún el contacto de sus manos llevando mi izquierda hasta cerca de las clavijas del chelo y colocando ahí sobre las cuatro cuerdas cuatro de mis dedos, mientras la derecha debía posesionarse firmemente del mango (¿se llama así?) del arco para apoyar éste en las cuerdas a la altura de la cintura de avispa del instrumento.

Fracasó, es cierto, pero no por incompetencia de su parte. Después, a lo sumo, de unos cuatro meses de clases, cuando el profesor hacía su aparición, o a veces desde que por la ventana veíamos que se acercaba a casa, mi hermano y yo, dueños de planes mucho más excitantes, y puestos de acuerdo, huíamos por una puerta trasera y nos dirigíamos a toda carrera al río, o a reunirnos con nuestros amigos en algún parque, o en la dirección que nuestro miedo al aburrimiento nos diera a entender.

La música como tal era algo que a mi hermano y a mí nos gustaba mucho; pero la perspectiva de largos meses de solfeo y quién sabía de cuántos años de práctica futura de los instrumentos, nos aterrorizó. Queríamos aprender sin sufrimiento, *sans larmes*, y, sobre todo, sin renunciar a nuestros hábitos callejeros. Como nuestro padre no era nada severo, pronto desistió de su ilusión de vernos convertidos en músicos, probablemente se burló un poco de sí mismo, y tanto él como nosotros pasamos sin problemas a otra cosa.

XIII

Sólo remontando el tercer año de la primaria empiezo a tener conciencia de mi individualidad, la sensación clara y precisa de mi persona, de que yo soy yo y de que los otros son otros y, al mismo tiempo, de que hay reglas en el trato con esos otros: compromisos, promesas, lealtades. Es el momento también en que comienzo a percibir las características que me distinguen y distinguen a los demás entre sí.

Características externas: había gordos y había flacos; estaban los morenos, los más morenos y los blancos; señores con barbas; y barbas que podían ser largas o cortas, rizadas o lisas, blancas, negras o color de zanahoria; señores calvos o con mucho pelo, peinados para atrás o con raya a un lado; señoras risueñas o ceñudas; caras de bobo y caras listas; niños robustos, gorditos o extremadamente flacos cuyas rodillas parecían a punto de quebrarse; en fin, una gran variedad que al principio me hacía preguntar con insistencia a mis padres a qué se debía; pero como nunca obtuve respuestas satisfactorias (entre otras razones, me percaté más tarde, porque nadie las sabía) pronto dejé de inquirir y me dediqué a averiguarlo por mí mismo y a divertirme observando la diversidad que había en todo.

Características internas: Siento a mi alrededor a mis compañeros de escuela: admiro a unos por su valor, su dedicación o su memoria; me doy cuenta de la adulación de otros con los maestros; percibo el ridículo en los presumidos y los orgullosos; y están los buscadores de aprobación; los prontos a ayudarme en la tarea; los serios en que se podía confiar y que sabían guardar los secretos; los dispuestos a compartir sus juegos y sus útiles; los que por lo bajo te soplaban en clase la respuesta equivocada para lucirse ellos con la correcta.

Escojo en consecuencia o rechazo compañeros de juegos, de confidencias, de camino de regreso a casa, los que a su vez me rechazan o me escogen como compañero y amigo de fiar. ¿En dónde están ahora? Sólo recuerdo de ellos algún gesto, alguna frase que a través de los años resuena aún en mis oídos. O sus vagas facciones con la sonrisa triste de los personajes de los sueños.

Fue entonces cuando reparé también con mayor atención en mi nombre y apellido, en ocasiones en que el maestro se refería a mí diciéndolos en voz alta. Me fui enterando asimismo de que pertenecía a una familia cuyos miembros eran conocidos más allá de su propio círculo. El maestro lo sabía, y me lo decía y lo contaba a los demás alumnos como algo digno de saberse, y explicaba quién era mi padre, que editaba revistas, o hablaba de un tío mío famoso como caricaturista y como tenor que cantaba la jota aragonesa, o la canción mexicana *Ojos tapatíos* y *El sueño* de Manón, o que representaba *El conde de Luxemburgo* de Franz Lehar. Y dentro de mí, quisiéralo o no, todo eso comenzaba a convertirse en cierta vanidad que me hacía bajar la vista entre orgulloso y avergonzado, y en un vago sentimiento de responsabilidad que no dejaba de inquietarme.

Recuerdo nítidamente la cara y los modales de aquel maestro, pero no cómo se llamaba. Sin embargo, es sin duda a él a quien debo mis primeras lecturas serias de poesía o ensayo, distintas de las habituales que hacía en casa.

Así, de ese tercer año, del cuarto y parte del quinto, que no terminé, permanece en mi memoria, por lo que hace al último, una ventana muy grande en un aula de un segundo piso, y en esta aula, iluminada por el sol matinal, la figura de ese maestro moviéndose sin cesar de su mesa al pizarrón y viceversa. Quizá debido a esos pequeños vuelos y a su rostro afilado de pájaro había recibido de los alumnos el mote inocente de "Palomo". Lo recuerdo poniéndome a leer en voz alta pequeños trozos de un libro poco común entre los de su clase, titulado *Lecturas para colegios*, que había sido preparado por el educador costarricense Moisés Vincenzi. Cualesquiera que hayan sido mis problemas con la enseñanza en la escuela, me da gusto declarar con énfasis que difícilmente ha podido existir en primaria alguna un libro de lecturas mejor que ése. Sé también con seguridad que a mí me abrió otro de los caminos por los que sin saberlo continuaba internándome en la literatura.

Entre lo que más me impresionó de ese libro:

Un título: *Libros que leo sentado y libros que leo de pie*, del escritor mexicano José Vasconcelos. Olvidé para siempre su contenido, o qué libros fueran ésos, pero llamaba mi atención lo meramente circunstancial de esa idea, para mí original y llamativa, de que ciertos libros uno pudiera o debiera leerlos sentado, en tanto que tratándose de otros era bueno hacerlo de pie o, como Hamlet, caminando en una habitación con el libro abierto en la mano, y seguramente a esta última imagen deba mi costumbre de leer de pie y en voz alta lo que escribo. Se debe también al nombre de ese ensayo la importancia que desde entonces doy a los títulos, míos y ajenos.

Un trozo: de algo probablemente titulado *Elogio del maíz*, del ensayista ecuatoriano del siglo pasado Juan Montalvo. De ese texto se me grabó para siempre una manera de comparación pareada: "Si líquido, vino de Burdeos; si sólido, carne de faisán", forma de expresión clásica y exageración típica del gran escritor, que daba lo que fuera por una buena frase.

Un ensayo: *La cerámica griega*. Recuerdo mi clara visualización de las ánforas ahí descritas, que hoy relaciono con figuras de Ulises y de sirenas con cuerpos de aves siniestras, mientras evoco aquel trozo de ensayo y al niño en apariencia distraído que lo leía en voz alta en clase.

Un poema: *Los elfos*, de Leconte de Lisle, que me abrió el mundo de la magia y de los seres fantásticos, y del que hoy recuerdo unos cuantos versos casi sin ilación:

De tomillo y rústicas hierbas coronados
los elfos alegres bailan en los prados,

y otros:

Queda, caballero, te daré a que elijas
el ópalo mágico, las áureas sortijas
y lo que más vale que gloria y fortuna
mi saya tejida con rayos de luna,

con la impresión que esa saya (que imaginaba
una capa: me niego a ver en el diccionario si son
la misma cosa) hecha con rayos de luna causaba
en mi imaginación, convencida de encontrarse en ese momento en el espacio de lo etéreo,
lo incorpóreo o lo intangible que, según yo y
entonces, era por fuerza el ámbito de la poesía, sin contar con el gozo de los hallazgos
fonéticos y el descubrimiento del placer que
producían las rimas en medio de ese mundo
ilusorio.

Otro poema: *La refacción preparada*,
de Albert Samain, por entero opuesto al de
Leconte de Lisle, y en el que el embrujamiento
del campo abierto y nocturno, habitado por
vagos seres fantasmales y ominosos, dejaba
el lugar a un medio por completo contrario,
es decir, a una escena doméstica, tocable y de
todos los días, en la cual las cosas se veían
claramente dibujadas, serenas y en paz consigo
mismas:

Hija mía, levántate, deja tu lana, cesa
de hilar. El amo pronto va a volver, en la mesa
sobre el blanco mantel de pliegues deslumbrantes

la loza clara ordena con las copas brillantes.
En el frutero de asa de cuello cígneo, cuida
de poner sobre pámpanos dulce fruta escogida:
pérsicos de pelusas leves, terciopeladas
gruesas uvas azules, ricas uvas doradas;
de bien cortado pan llena después las cestas;
la puerta ajusta, espanta las avispas molestas.
Fuera, el sol ardoroso las mismas tapias cuece;
juntemos los postigos, de noche así parece,
y así la habitación en sombras abismada,
con aroma de frutas toda está embalsamada.
Ve al patio ahora, en busca de agua fresca a la fuente,
mira que luego el cántaro, resumándose, ostente
por mucho tiempo helado, poco a poco fundido,
un ligero vapor en torno suspendido.

Contrastaba tanto este ambiente con el anterior lleno de zozobra y angustia, y sin embargo era también tan fascinante en su inconmovible calma, que probablemente fue asimismo entonces cuando supuse, o aprendí, que lo poético no estaba necesaria o exclusivamente en el mundo de la irrealidad y lo imponderable, sino que podía encontrarse al mismo tiempo, o hasta quizá de preferencia, en el de las cosas al alcance de la mano, concretas y sencillas, como ocurría en este poema en el que una simple mesa puesta y la tranquila atmósfera que la rodeaba me provocaban tantos ensueños como la aflicción y la inseguridad presentes en el de los elfos quiméricos y misteriosos.

Tanto el poema de Leconte de Lisle como el de Albert Samain los aprendí de memoria, y ambos, por igual, ejercían sobre mí su fascinación, su encanto de contenido y su encantamiento verbal. Claro que entonces yo estaba muy lejos de saber que el primero fuera parnasiano y el segundo simbolista, ni me habría importado, como tampoco me importa ahora que ambos sean víctimas indefensas de esas clasificaciones; es más, si en este momento tuviera que decidirlo, diría que el simbolista es el de los elfos, pues la loza clara y el mantel blanco me pueden parecer cualquier cosa menos símbolos de nada, como no sea de ellos mismos.

Muchos años después, ya en México, vine a descubrir que la traducción del poema de Albert Samain había sido hecha por el polígrafo español Enrique Díez-Canedo. La encontré en su gran antología *La poesía francesa del romanticismo al surrealismo* (Losada, Buenos Aires, 1945) que, con menos autores incluidos y con el título *La poesía francesa moderna*, había sido publicada por primera vez en España con el nombre asociado de Fernando Fortún (Renacimiento, Madrid, 1913). Si cuando niño leía en voz alta y aprendía de memoria ese poema en una escuela pública de Tegucigalpa alguien me hubiera dicho que el hijo de su traductor, Joaquín Díez-Canedo, sería alguna vez mi amigo, y no sólo mi amigo sino también editor de libros escritos por mí, ese alguien tendría que haber sido un adivino bastante competente; pero por supuesto eso no sucedió. Es más, nadie podía habérmelo dicho por la simple razón de que fuera de la escuela yo no compartía con persona alguna la lectura de esos poemas. Los leía una y otra vez y los repetía y memorizaba en secreto, como algo muy mío e instransferible, gozando yo solo con la sensualidad de las palabras, el ritmo de los versos y la sonoridad de las rimas. Por otra parte, tal vez pasó mucho tiempo antes de que yo reparara en que no eran las cosas descritas o su significado, por lo menos en el caso de *La refacción preparada*, sino las palabras, su disposición y su sonoridad, lo que embelesaba mi mente infantil a través de mis ojos y mis oídos: veía la transparencia de las copas brillantes sobre el mantel, y oía el zumbido de las avispas en las eses de "espanta las avispas molestas", en la misma forma en que percibía y casi sentía la sombra fresca en contra de la ardiente luz solar en la calle; pero eran, repito, las vocales acentuadas y el reencuentro de las sílabas en las rimas lo que me hacía detenerme en cada verso y preparar el oído, como quien se dispone a escuchar el eco de una voz en un barranco.

XIV

Dueño ya de mi nombre, descubro que tengo una familia, compuesta por mi padre, mi madre, un hermano cuatro años mayor que yo, César, y una hermana cuatro años menor, Norma. Muchas veces oí a mi madre hablar con tristeza de otros dos hermanos previos que habían fallecido siendo muy niños, y cuyos nombres no recuerdo ni vi nunca en ningún documento; pasaron por este mundo sin dejar la menor huella. De uno se contaba que había muerto durante uno de tantos viajes de mis padres por la costa norte de Honduras —o de Guatemala, no lo sé bien—, a causa de un vaso de agua con hielo que una niñera descuidada le dio a beber en medio del extremo calor de la región; del otro no oí nunca nada, salvo que también había muerto siendo muy pequeño.

Con el tiempo me entero asimismo de que mi familia se movía incansablemente de una ciudad a otra, de un país a otro. De esta manera sé de oídas que en varias ocasiones estuve en Tela, o en el puerto de La Ceiba, y que atravesé en gasolinera (una embarcación mediana de motor) el peligroso lago de Yojoa; y otras tantas en Puerto Barrios, Guatemala.

De cierta prolongada estancia en este puerto conservo hasta el día de hoy una fotografía en la que debo de tener unos cuatro años. Veo en ella a un niño de espesa cabellera rubia que mira un tanto desafiante hacia la cámara, con una cuchara flojamente sostenida entre los dedos índice y pulgar de la mano derecha; se encuentra sentado en un cajón grande de madera, frente a otro de las mismas dimensiones sobre el cual hay dos platos de loza: uno sopero, vacío, con una cuchara abandonada en él, y otro, plano, con un trozo de carne, verduras, y varias rodajas de pan; detrás puede verse la baranda de una casa de madera típica de puerto tropical, imagen que se refuerza con la vista al fondo de dos palmeras de abundante follaje. El mar, el mar Caribe, estaba muy cerca, y a veces la marea llegaba suavemente hasta debajo de esa misma casa, construida sobre gruesos pilotes siempre renegridos de alquitrán. Puedo verme por las mañanas acudir allí, solo, debajo de la casa y a sus alrededores, y casi sentir en mis manos la arena gris muy fina, todavía mojada por el agua tibia del mar; y me veo a mí mismo observando enajenado una mul-

titud de diminutos cangrejos, más que diminutos increíblemente pequeños, que corrían
veloces a esconderse en donde mejor podían
huyendo de un daño que yo no tenía la menor intención de hacerles, entre otras razones
debido al miedo que por su parte ellos a su
vez me inspiraban.

Ya he dicho que en la fotografía se me
ve entre dos toscos cajones y con restos de
comida frente a mí. ¿Quién tomó esa fotografía y por qué causa en situación para mí
tan poco airosa? Pues bien, porque estoy
castigado, y sin duda porque tomar una fotografía en ese momento suavizaba o hacía más
llevadero a mis padres el embarazo social que
yo acababa de producir. Ese mediodía me
encontraba con el resto de mi familia en casa
de mi abuelo el general Monterroso, en la que
con frecuencia tanto él como nosotros pasá-
bamos temporadas de descanso. Mi abuelo era
entonces en aquel puerto lo que llamaban el
Comandante de Armas, o algo así, la máxima autoridad militar local. Ni de aquellas
temporadas ni de más adelante recuerdo de
él mucho más que su robusto y alto cuerpo
siempre uniformado y su severo rostro envuelto en una atmósfera de absoluto respe-
to y seriedad. Esa vez se me ha enviado a comer
aparte como castigo, es de suponer que un
tanto en broma y un tanto en serio. Mi abuelo

atendía en esa ocasión a un importante invitado especial, otro militar de su mismo rango que habría acudido de la capital o de un país vecino, quien era en esos momentos su huésped de honor. Y toda iría bien hasta que yo no observé que el distinguido invitado usaba el cuchillo como tenedor y sin poder contenerme le dije delante de todos y en voz alta que era de mala educación llevarse la comida a la boca con el cuchillo.

Comer aparte en la forma en que esa vez me pusieron a hacerlo era un castigo benigno y casi en broma. Ni de esa época ni de ninguna otra recuerdo haber sido castigado nunca con dureza por mis padres o mis familiares. Las únicas formas de castigo corporal que sufrí durante mi infancia tuvieron lugar en la escuela: reglazos en las palmas de las manos, coscorrones, y una manera de punición más bien rara: un maestro algo sádico castigaba a sus víctimas —entre las cuales estuve más de una vez— tomándoles la cabeza entre sus manos para después, aplicando los dedos pulgares en las sienes del alumno, elevarlo unos cuantos centímetros del suelo. Era doloroso, pero como tormento escolar sólo me parecía poco estético y más bien ridículo, aunque lo temiera.

XV

De Puerto Barrios debemos de haber regresado a la ciudad de Guatemala, y de ahí una vez más a Tegucigalpa. Ése era el vaivén al que atribuyo la sensación de desarraigo, de no pertenencia que me ha acompañado desde entonces. ¿Somos, como dice Pitágoras, extranjeros de este mundo? ¿O, con Marco Aurelio, como hombres pertenecemos al mundo entero? No ser de aquí ni de allá. Con los años, no-sí hondureño, no-sí guatemalteco, no-sí mexicano. ¿Tiene importancia? Finalmente, no soy ciudadano del mundo sino ciudadano de ninguna parte. Nunca voté. Jamás he contribuido a elegir un presidente, un simple concejal: en Honduras, por no tener la edad; en Guatemala, porque en tiempos del dictador Jorge Ubico no había elecciones sino plebiscitos fraudulentos en los que yo no participaba; en México, porque como exiliado no tengo esa facultad. Vivo con la incertidumbre de mi derecho a pisar ni siquiera los treinta y cinco centímetros cuadrados de planeta en que me paro cada mañana.

Salgo del consulado guatemalteco en la ciudad de México con un pasaporte nuevo en la mano. En la primera esquina me detengo. Lo veo y lo acaricio una y otra vez. Los más lejanos y extraños lugares del mundo se me abrirán ante la simple presentación de ese pequeño objeto de papel y cartón en que mi lugar y fecha de nacimiento, mi firma, una fotografía de tres cuartos de perfil en la que se debía ver mi oreja derecha, y la marca estriada de mi pulgar derecho, me confieren una identidad y la hipotética posibilidad de cruzar cualquier frontera en los próximos cinco años. Cinco años más de "yo", y, supersticiosamente, casi una garantía de cinco años más de vida.

—¿Con qué pasaporte viajas? —me había preguntado días antes un amigo—. ¿Guatemalteco? Absurdo. Has vivido más tiempo aquí, más de dos terceras partes de tu vida, que en lo que llamas tu patria. Tú ya eres mexicano.

Pero humildemente y todo yo le contesté que seguía siendo guatemalteco, como mi pasaporte. ¿Importaba? Juan Rulfo me decía siempre lo mismo cuando viajábamos juntos y en los aeropuertos me veía sacar mi documento guatemalteco. "¿Por qué viajas con eso?", añadía acentuando el eso, "yo te puedo conseguir uno mexicano." ¿No daba igual?

En septiembre de 1964 un grupo de amigos mexicanos me nombró en broma "mexicano honorario", "teniendo en consideración los antecedentes y la buena conducta observada por el señor Augusto Monterroso durante sus veinte años de permanencia en esta República", y me entregaron un diploma en lo alto del cual se ve bailando una calavera de Posada, y en lo bajo las firmas de dos docenas de poetas y pintores amigos, todo ello a los acordes del Festival Académico de Brahms y de fanfarrias de Jean-Joseph Mouret. A causa de esa inocente broma, que trascendió también en broma a la prensa, en mi país me acusaron de traición y de haber vendido mi nacionalidad, decían con originalidad, "por un plato de lentejas". ¿Era para tanto?

Otros, más precisos, dicen que uno es de donde está enterrado su ombligo. Mi importante ombligo, claro. Para ellos, entonces, ¿seré hondureño? ¿Y mi pasaporte, en que tan bien luce mi oreja? "¿Piensa mucho en sus raíces?", me pregunta mi amiga, la periodista argentina, suponiendo que yo las he dejado en alguna parte. Cuando le digo que no soy un poste de telégrafo, se ríe, como quien entiende la broma. Los antiguos decían algo que a nosotros nos suena a pecado: *Ubi bene, ibi patria*: Ahí en donde estés bien ahí es tu patria. ¿Equivaldría a esto el plato de lentejas? Pero no se trata de comidas, raíces o costumbres. Uno llega a otro país, al que sea; conoce a sus nuevos prójimos y les atribuye virtudes y defectos que le serán también atribuidos. En cuanto a mí, adondequiera que llegue, les atribuyo siempre un alto grado de superioridad, aparte de su derecho absoluto, del que yo carezco, al pedazo de planeta sobre el que están parados en ese momento, por la simple circunstancia de que llegaron —o de que sus padres llegaron— antes que yo, un día o noventa años antes que yo. Y no obstante, pensándolo un poco, miro a mi alrededor, recuerdo, y todo es lo mismo. Si, por algo no casual, mi prójimo de aquí es escritor, es muy parecido al de allá. Cuando ve su ciudad no piensa en la piedra, el acero o el adobe de que están hechas las casas: piensa en nubes, en conflictos del alma, en los sonidos de las vocales, en palabras que combinar para producir un efecto mejor cuando quiera transmitir sus sentimientos o sus ideas.

XVI

Nieto de un general y de un abogado bien establecidos, formo parte, por contraste, de una familia errante, inestable. Esa inestabilidad no se redujo durante mi niñez a los movimientos de un país al otro (el paludismo, los juegos, las escuelas, los ríos, los parques, los rumores, los paseos, los amigos y las primeras lecturas vienen a mi memoria tanto desde Guatemala como desde Tegucigalpa). Dentro de los cambios de país hubo también las frecuentes mudanzas de casa. Toda mi infancia fue un pasar de una casa a otra, de las que apenas recuerdo habitaciones espaciosas y de altos techos, cuartos aislados, tragaluces por los que la luz del sol caía en las mañanas dejando ver infinitas partículas de polvo en movimiento, columpios en un patio con una casi irreal niña rubia —hija de inmigrantes rusos blancos— meciéndose en ellos en un solar arbolado (Catalina Yushkevitch, ¿en dónde estás ahora?), cocinas con grandes hornos de tierra y ladrillo, corredores, pasillos siempre diferentes, rincones como escondites temporales. ¿Cómo podría guardar el recuerdo de una sola casa?

Tal vez sea éste el momento de detenerme en la figura de mi padre.

Familiarmente guardo de él imágenes dispersas. De cuando yo era muy niño me es difícil recordarlo, debido, supongo, a que con frecuencia se ausentaba de casa, por temporadas largas o breves. Siendo hijo de familia acomodada, no siguió sin embargo una carrera formal o académica (como no lo hizo tampoco ninguno de sus hermanos), no aprendió en verdad ningún oficio, ni se dedicó nunca de lleno a algo que no fuera soñar. En su última cédula de vecindad guatemalteca, de 1938, que conservo por casualidad, declaró como profesión la de "tipógrafo", cosa que no era. Imagino que con eso quiso decir editor, como veintidós años antes había declarado al juez en la ceremonia de su matrimonio con mi madre; ya en su cédula había renunciado, pues, a lo que por lo menos había sido la aspiración frustrada de toda su vida. (Pobre papá. Yo lo quería y lo admiraba. Era bueno. Era débil. Se mordía las uñas. Era supersticioso: no pasaba jamás debajo de una escalera, y siempre exclamaba "¡largarto!" cuando alguien mencionaba el número 13. Su casi nula religiosidad era también supersticiosa y se contraía a venerar la imagen del Cristo de Limpias, a la que pedía ayuda medio en broma en situaciones apuradas, sin creer mucho que la obtendría. Usaba anteojos de aro metálico y su ojo derecho era un tanto estrábico. En un tiempo usó refinadas botas de alta botonadura con polainas bajas de paño gris. Era sentimental respecto de los pobres y quería cambiar el mundo por uno más justiciero. Con todo esto era natural que bebiera en exceso. Constantemente se llevaba a la boca puños de bicarbonato de sodio para combatir los males gástricos que le producían sus bebidas de alto o bajo precio. Lucía una amplia frente en aquellos tiempos en que tener una frente amplia era considerado signo de inteligencia. En su conversación intercalaba una tras otra frases ingeniosas, y sabía celebrar las ajenas. Así, cuando se unía a un grupo era recibido por todos con júbilo y garantizaba el éxito de cualquier reunión. Con su constante buen humor externo disimulaba su gran tristeza interior. Pasó la vida ocupado en cosas inútiles. Seducía discretamente y se dejaba seducir por las señoras elegantes de sociedad, que lo admiraban y gustaban de sus galanterías. En la parte interior del brazo derecho tenía alojada una bala de plomo —a veces nos permitía tocarla— que le disparó en la costa norte de Honduras un marido celoso; otra de las balas de esa misma pistola, que le habría atravesado la ingle y causado la muerte, fue detenida por el grueso reloj que llevaba con leontina de oro en un bolsillo del chaleco. Sus entusiasmos eran breves, como eran largas sus esperanzas, que le duraron toda la vida sin que ninguna se cumpliera. Compraba puntualmente billetes de lotería, y en una ocasión nos ilusionó a todos con un billete de *sweepstake*, una carrera de caballos que tendría lugar en Inglaterra. Leía a Valle-Inclán y a Unamuno, pero también las novelas frívolas de Maurice Dekobra, Felipe Trigo y congéneres. Contraía deudas pequeñas que lo atormentaban. Sus héroes favoritos eran —y sin proponérselo lograba que también fueran los nuestros— los personajes desgraciados de Puccini: Mimí y Rodolfo; de Massenet: Manón; o los vencidos por la enfermedad y la vida: Violeta Valéry de Verdi o Andrea Chenier de Giordano. Incapaz de soportar el régimen opresivo del dictador Ubico y sus servidores, a quienes detestaba, en 1938 regresó una vez más a Tegucigalpa, para morir allí un año más tarde entre sus amigos y la vida bohemia que amaba).

En efecto, mi padre fue dueño de imprentas y fundador de revistas y periódicos. En alguna hemeroteca de Tegucigalpa debe de existir una colección de su primera revista, literaria y de actualidad, como se decía entonces, llamada *Los Sucesos*, de la cual todavía en 1944, en Guatemala, poseí varios números encuadernados, que abandoné cuando en ese año tuve que salir al exilio. Con toda seguridad había en ellos, como colaboradores, nombres de importantes escritores y poetas hispano-americanos de las primeras décadas de este siglo. Mi madre recordaba más tarde, entre otros escritores y poetas hondureños, al fabulista Luis Andrés Zúñiga (testigo de su boda) y al poeta Froylán Turcios, asiduo de nuestra casa, quien durante un tiempo fue representante del libertador de Nicaragua Augusto César Sandino. De los latinoamericanos también asiduos el más famoso ahora sería el terrible y legendario modernista tardío, el colombiano Porfirio Barba Jacob (1883-1942), autor de profundos poemas que alcanzaron gran popularidad en todo el ámbito hispanoamericano, y hombre de historia más bien negra. (Cuando llegué a México a mediados de los años cuarenta, yo contaba que Barba Jacob me había tenido en sus brazos; pero ante las risas de mis amigos necesitaba aclarar que eso había ocurrido cuando yo era un niño de meses.)

Escribía estas líneas cuando una tarde me topé en una librería con el libro titulado

Barba Jacob el mensajero, del colombiano Fernando Vallejo, y lo adquirí con la esperanza de encontrar en él referencias a aquellas amistades de mis padres, para mí un tanto vagas (escribo con muy escasos documentos, *souvenirs*, fotografías, esas cosas). Y en efecto, las hay, comenzando por las relativas a mi abuelo paterno, quien aparece ahí con el doble carácter de corresponsal —como simple chisme— del presidente de Guatemala Manuel Estrada Cabrera (1857-1923) —el "Señor presidente" que retrató Miguel Ángel Asturias en su novela de ese nombre—; y, como una realidad conocida, de protector de periodistas y poetas y de las letras en general.

Copio del libro de Fernando Vallejo:

Miguel Antonio Alvarado ... cree que la misión de su viaje (de Ricardo Arenales, o sea Barba Jacob, a La Ceiba, Honduras) hubiera sido llevar correspondencia secreta del general Monterroso para Estrada Cabrera. El general Monterroso (Antonio María, según Alvarado, Vicente según Rafael HeliodoroValle) [Antonio, confirmo yo; Vicente era mi padre, y no es raro que Valle hubiera cambiado ese nombre traicionado por su subconsciente, habiendo sido el de quien anuló sus esperanzas de casarse con mi madre] era guatemalteco, y según las malas lenguas, a menudo muy bien informadas, agente del tirano de Guatemala pese a que, como máxima autoridad del departamento de Atlántida y comandante de La Ceiba [nótese el centroamericanismo de la época: un militar guatemalteco era Comandante de Armas de un puerto hondureño], gobernaba para el presidente de Honduras doctor Francisco Bertrand. Rafael Heliodoro Valle ha referido un corto diálogo entre el general y Arenales: 'Poeta —le dice el general—, conviene que vaya preparando el discurso oficial para el Día del Árbol.' 'Pero señor general —contestó Arenales—, ¿cómo es posible que aquí en donde el bosque está metido en la ciudad pensemos celebrar el Día del Árbol? Lo que hay que celebrar es el Día del Hacha.' Según Rafael Heliodoro, Monterroso le permitió a Arenales que lo comparara en letras de molde con Napoleón Primero. Vaya el diablo a saber. Lo que al menos recordaba Arenales en *El Pueblo* y *El Porvenir*, era a ese general centroamericano 'en quien había dos parodias: una de Bonaparte y otra de Don Juan Tenorio', y quien le decía una vez que 'los seres más bellos que hay en el mundo son una mujer y un caballo'."

Mi padre contaba la anécdota del Día del Árbol y el del Hacha. Por mi parte, por lo que hace a los caballos, recuerdo las brillantes botas de montar, las tintineantes espuelas y los fuetes que usaba mi abuelo; en cuanto a su afición a las mujeres, en mi familia se decía que en una ocasión viajó a Europa, ya en edad provecta, en busca exclusivamente del médico ruso Serguei Voronov, quien le aplicaría sus famosos métodos rejuvenecedores sexuales a base de trasplantes de glándulas de mono.

En el libro de Vallejo encuentro además que el periodista José C. Sologaistoa "también habla del general Monterroso, quien se sabía la 'canción de la vida profunda' (el mejor y más conocido de los poemas de Barba Jacob) de memoria, y quien le llenó los bolsillos de pesos al poeta y le dio prestada una imprenta, la 'América Central' para que hiciera un periódico", y, por último, que en Guatemala, el 16 de julio de 1924, Barba Jacob le dirigió una carta al director de *El Imparcial* expresándole su fe y entusiasmo en el proyecto (de una revista en la que colaborarían Miguel Ángel Asturias, Carlos Mérida, Toño Salazar). "Esta carta empieza por distinguir su revista de la que proyectaban los hermanos Vicente y Augusto Monterroso. 'Los jóvenes Monterroso —explicaba Barba Jacob—, o por lo menos uno de ellos, el que hace caricaturas, estuvieron en potencia propincua de trabajar bajo mis órdenes: son hijos de un hombre cuya amistad estimo como un delicado aroma: son mis amigos, y durante los largos días de preparación de mi revista (días aparentemente angustiosos pero realmente llenos de luz y de júbilo) han sido asiduos concurrentes del edificio San Marcos, honrando así con su presencia e ilustrando con sus personales puntos de apreciación algunos de los problemas relativos a mi negocio.' Eran los jóvenes Monterroso hijos de ese general guatemalteco que gobernaba La Ceiba en 1916, y que le auspició al poeta su pequeño periódico *Ideas y Noticias*, del mismo título de su ideal y quimérica revista."

XVII

Los Sucesos se imprimía en la imprenta instalada en casa.

Por tradición familiar sé que aquella imprenta, muy grande, fue comprada con dinero de mi madre, y que mi padre la perdió cuando en uno de los frecuentes cambios "revolucionarios" que tenían lugar en Honduras, el nuevo gobierno, conservador, se incautó de ella de mala manera durante uno de sus viajes a Guatemala. Otra versión complementaria consistía en que su apoderado, cuyo nombre por fortuna olvidé, lo traicionó en esa misma ausencia y la vendió al nuevo gobierno, con lo que la imprenta pasó a formar parte de la Tipografía Nacional. A lo largo de los años se habló en la familia con optimismo de que el próximo gobierno liberal, que lo sería en caso de resultar electo presidente el abogado José Ángel Zúñiga Huete, amigo de mi padre, se la devolvería; pero estas esperanzas se desvanecieron para siempre cuando en las elecciones de 1932 triunfó el candidato del embajador norteamericano y de la United Fruit Company, el general Tiburcio Carías Andino. Forma parte de mis recuerdos relacionados con los versos, si es que versos se puede llamar a las siguientes dos líneas, lo que sobrevive en ellas de una larga sátira contenida en un volante electoral en contra del candidato Carías:

> En su primera etapa
> batió el récord en Suyapa.

Suyapa era un pintoresco pueblecito-santuario (seguramente lo sigue siendo) cercano a Tegucigalpa, en el que el general Carías habría logrado salvar la vida huyendo a caballo de alguna lluvia de balas enemigas bajo la protección de la Virgen que ahí se venera.

Por supuesto, la revista *Los Sucesos* no duró mucho tiempo. El medio no la merecía. Pero mi padre había adquirido ya para entonces ese otro vicio de editar revistas y periódicos, en el que continuó con entusiasmo, fracasando siempre, hasta el día de su muerte.

XVIII

En 1848 el novelista francés Henri
Murger (1822-1861) comenzó a publicar en
la revista literaria *Le Corsaire-Satan* sus *Scènes
de la Vie de Bohème*. Su amigo Charles
Baudelaire colaboró con algunos de sus
primeros artículos en esa revista de escándalo.
El buen Murger, nacido en París, era hijo del
portero alemán de un edificio parisiense, y tuvo
una educación más bien escasa. En su primera
juventud trató de convertirse en pintor, sin
buen éxito; luego publicó un volumen de
versos titulado sencillamente *Poésies*, con el
mismo resultado; pero por último se decidió
a retratar en una novela lo que mejor cono-
cía: la vida de pobreza de muchos escritores
y artistas frustrados como él. Con esto se hizo
célebre. Las *Escenas* pasaron de aquella revista a adaptaciones para el teatro, y por fin, en
1851, Murger las publicó en forma de libro.
Su fama como escritor realista se extendió
entonces con rapidez por el mundo entero,
a lo que más tarde, treinta y cinco años des-

pués de muerto Henri, vino a contribuir Giacomo Puccini convirtiendo las *Escenas* en su ópera *La Bohème*, con la cual a finales de aquel siglo se lloró en abundancia y en éste algunos todavía lo hacemos con placer masoquista y pudoroso. Sin embargo, la ópera de Puccini, estrenada en Turín el 1º de febrero de 1896, en lugar de contribuir a que el libro de Murger, traducido ya para entonces a numerosas lenguas, se afirmara en los medios literarios y entre el público, produjo el efecto contrario: las *Escenas* y su autor pasaron al olvido y hoy los editores no se ocupan de ellos. Durante la primera Guerra Mundial los libros de Murger tuvieron un extraño renacimiento; pero ahora, en París, he buscado inútilmente cualquiera de sus obras en el idioma que sea, y cuando pregunto en especial por las *Scènes* o por sus cartas en las librerías de éste o el otro lado del Sena, los libreros escudriñan sus catálogos y no encuentran ni esos títulos ni a su autor. Gómez Carrillo, buen conocedor de ese mundo, cuenta que Henri murió en un hospital a los cuarenta años, exclamando: ¡Maldita sea la bohemia!

Rubén Darío escribió su *Autobiografía* entre el 11 de septiembre y el 5 de octubre de 1912, cuando su gloria como poeta estaba ya bien asegurada. Había trabajado y sufrido lo que había que trabajar y sufrir para conseguirla. En esas páginas, redactadas con mucha prisa para ganar dinero, se refiere varias veces a la vida bohemia y sus protagonistas.

Carrillo —dice Darío— me presentó a un español que tenía el tipo de un gallardo mozo, al mismo tiempo que muy marcada semejanza de rostro con Alfonso Daudet. Llevaba en París la vida del país de Bohemia, y tenía por querida a una verdadera marquesa de España. Era escritor de gran talento y vivía siempre en su sueño. Como yo, usaba y abusaba de los alcoholes; y fue mi iniciador en las correrías nocturnas del Barrio Latino. Era mi pobre amigo, muerto no hace mucho tiempo, Alejandro Sawa. [...] Tanto Verlaine como Moréas eran popularísimos en el *Quartier*, y andaban siempre rodeados de una corte de jóvenes poetas que, con el *pauvre* Lelian, se aumentaban de gentes de la mala bohemia que no tenían que ver con el arte ni con la literatura. [...] Gracias a la adorada bohemia y de la cual no me quiero acordar.

Y en *Historia de mis libros,* de 1909, Darío había hablado ya con melancolía y orgullo de su famoso verso *el falso azul nocturno de inquerida bohemia.*

En 1924 el gran autor de *Tirano Banderas* y de las *Sonatas*, don Ramón del Valle-Inclán, publicó en libro su drama-esperpento *Luces de Bohemia*, cuyo protagonista principal, el poeta ciego y hambriento Max Estrella, fue en la vida real aquel Alejandro Sawa, adorador de París y el más desdichado y conmovedor de los bohemios españoles. En cierta ocasión, Gómez Carrillo lo ve entrar en un café de París "bello cual un árabe con su barba de azabache, con sus ojos soñolientos", al lado de Henri de Regnier y de Pierre Louÿs. Rubén Darío, otra vez, hace su preciso y conmovido retrato en el prólogo que a pedido de su viuda, la francesa Jeanne Poirrier, escribió para el libro póstumo de Sawa —admirable el día de hoy—: *Iluminaciones en la sombra.*

Recién llegado a París por la primera vez conocí a Sawa. Ya él tenía a todo París metido en el cerebro y en la sangre. Aún había bohemia a la antigua [...] Recorríamos el país latino, calentando las imaginaciones con excitantes productores de paraísos y de infiernos artificiales [...] Sawa fue uno de los que buscaron el refugio del "falso azul nocturno". [...] Se asomaba a perspectivas de eternidad; mas siempre se distraía en lo momentáneo, e hizo del arte su religión y su fin.

Y es cierto que Alejandro Sawa murió de hambre.

Rubén Darío, Ramón del Valle-Inclán y Enrique Gómez Carrillo tuvieron la fortuna de encontrar o poseer la energía suficiente para convertir sus días de bohemia en obras maestras que en mucho cambiaron el destino de la literatura en nuestra lengua, y aun del idioma mismo. Y París y Madrid eran París y Madrid. Toda aquella bohemia, querida o inquerida, trasladada a Tegucigalpa —el culo del mundo llaman generosamente mis amigos a esta ciudad— resultaba más trágica y grotesca, pero no tuvo nunca su poeta, su cronista ni su Valle-Inclán que la vivieran o la describieran con genio. ¿Cómo, con ese espíritu dedicado al arte y a lo que se llamaba el ideal, era posible hacer nada, así fuera sólo sobrevivir, en aquel ambiente en que en lugar de cafés había cantinas y en lugar de ajenjo aguardiente de caña, llamado "guaro", ese licor de bajo precio que "producía una embriaguez innoble", y en que la selva —como decía Barba Jacob— se comía a la ciudad, una compañía productora y vendedora de plátanos colocaba a los

presidentes —todavía los coloca— y en que
un esbirro como Tomás "Caquita" podía
agarrar del cuello a un poeta y aterrorizarlo
en la cárcel por "maricón"?

Mi padre vivió y conoció a fondo aquella
bohemia. Los poetas, los escritores, los artistas
en general y, no faltaba más, los editores de
revistas literarias y de actualidad, debían ser
pobres, o ricos vergonzantes, enemigos de la
misma burguesía a la que a veces, en cierta
forma, pertenecían, y, por supuesto, alcohó-
licos, y perseguidos por la mala suerte y las
complicaciones gástricas, sin contar con su
obligación moral de abrazar, sin que faltara
una, las causas perdidas en materia política.
Estas causas eran todas aquellas que en alguna
forma se opusieran a los designios de la United
Fruit Company, que a esas alturas domina-
ba todo con la complicidad abierta del gobierno
de los Estados Unidos y de la milagrosa Virgen
de Suyapa.

XIX

Sucedió en mi familia. Mi madre había recibido como herencia abundantes bienes materiales que mi padre dilapidó en sus empresas editoriales o relacionadas de cerca con la vida del espectáculo. Para bien o para mal, debo a esa circunstancia haber estado rodeado durante mis primeros años de un ambiente familiar en el que nunca se hablaba de otra cosa que no fuera versos, teatro, novelas, ópera, zarzuela, opereta, pintores, músicos, escritores, toreros y tonadilleras: en persona, en discos, en libros, en películas o revistas y periódicos, de México, Buenos Aires o Madrid.

Mi madre no fue nunca una compañera de bohemia de mi padre, pero soportó esa vida y la pérdida de su fortuna con dignidad y buen humor. En cierta ocasión envió a la tintorería el chaleco del frac de mi padre envuelto en su título de profesora de instrucción primaria (que no ejerció nunca). Fue una buena lectora entonces y hasta el final de sus días, lectora de poesía y de novelas. En mi infancia me enseñó el poema *Nocturno a Rosario*, del poeta romántico mexicano Manuel Acuña, y a ella le debí más tarde el descubrimiento de *Las almas muertas* de Gogol, de *La aldea de Stepantchikovo* de Dostoievski, y la afición a *Los papeles del Club Pickwick* de Dickens. Como buena señorita de su época había estudiado canto ("Entre trescientas voces", le decía su profesora, "se puede distinguir la tuya") y algo de piano: la recuerdo enseñándome la letra y la música de la *Serenata* de Schubert. Con este espíritu soportó muy bien en los inicios de su matrimonio la presencia en su casa de bebedores tan connotados como Froylán Turcios o de marihuanos como Barba Jacob, de quienes me contaba anécdotas, alegres, después de todo, en el recuerdo. Murió en México —a donde me siguió en mi primer exilio—, en 1965.

Tuve un tío paterno —por el que llevo mi nombre de pila— cantante, caricaturista, torero, actor, periodista y fotograbador, cada una de estas cosas en los ratos libres que le dejaban las otras. Existe una fotografía familiar en la que aparece vestido de torero, con toreros españoles, un Litri —uno de tantos Litris, retirado— que ya entrado en años iba de puerta en puerta pregonando chorizo de

"Huerva"; y mexicanos amigos suyos igualmente ataviados con trajes de luces. Decía haber llegado a matar toros de Miura en la plaza de Guatemala. Recuerdo los grandes agujeros respiratorios de los enormes cajones de madera en que estos toros llegaban procedentes de España: había una ceremonia de desencajonamiento a la que alguna vez, de niño, fui con mi padre y sus amigos toreros. En otra fotografía de esa misma época veo a mi tío con monóculo y frac, en su papel de Conde de Luxemburgo, o de Danilo en la opereta *La viuda alegre* de Franz Lehar. Más tarde, ya muy mayor, encontró un nuevo camino en el cine, en el que se especializó en papeles de cura de películas mexicano-guatemaltecas.

Otro de mis tíos paternos era cantante de la radio, humorista y actor algo gordo, a la vez que hombre de múltiples oficios artesanales que ejercía con entusiasmo y gracia, entre otros, por un breve lapso, el de contrabandista por las costas de Belice. Él mismo contaba que en una época se había dedicado también a falsificar moneda, pero que abandonó este negocio cuando descubrió que cada peso que fabricaba con enormes precauciones en un sótano oscuro y frío, le venía costando un peso y medio. Fue asimismo industrial y hombre de empresa: en el patio de su casa, con la ayuda de su mujer, sus hi-

jos y alguno de nosotros sus sobrinos, produjo durante un tiempo un insecticida a base
de una hoja llamada té de limón, que compraba
por manojos en un mercado cercano. Bautizó
su producto, después de varias pruebas de las
que las moscas —recuerdo— salían más bien
sólo atontadas, con el exótico nombre de
Flytox, y trató de venderlo de casa en casa en
una época en que el Flit estadounidense se
hallaba en las tiendas de la esquina del mundo
entero a un precio equivalente a la cuarta parte
del suyo.

De otros tíos que traté en mi adolescencia, uno se unió a las fuerzas que organizadas
por los Estados Unidos invadieron Guatemala
en 1954 para derribar el gobierno democráti-
co de Jacobo Árbenz Guzmán; poco después
ese tío paterno me mandó amenazar de muerte
si yo volvía a poner un pie en Guatemala. Por
último, dos tías: mi tía Blanca —llamada familiarmente White— (que hacía una vida un
tanto misteriosa con el hombre con el que no
se casó nunca), y mi tía Elena —o Nena—,
que se había casado muy joven con un emi-
grante italiano de apellido Vaccaro, fundador
de una de las primeras empresas bananeras en
la costa norte de Honduras; absorbida ésta más
tarde por la United Fruit Company, ambos
se retiraron a vivir con toda comodidad en
Nueva Orleáns.

XX

Pasado un tiempo me hallo viviendo en una casa situada al lado del cine-teatro Palace —del que mi padre era gerente—, con el que esa casa se comunicaba por medio de una pequeña puerta trasera que daba directamente al escenario. La casa, el cine, el barrio y sus contornos se grabaron bien en mi memoria. Ahí mi madre me dio a leer *Las mil y una noches*, traducidas al español de la versión francesa de Galland; todos leíamos por turno la novela picaresca francesa *Gil Blas de Santillana* de Alain Renné Lesage, que tantos lectores había tenido hasta fines del siglo XIX; *Cyrano de Bergerac*, de Rostand y escuchábamos en familia la voz de Enrico Caruso, en pesados discos de una sola cara en un fonógrafo Victor de cuerda, cantando *Pagliacci*.

La vecindad y el libre acceso a aquel cine a cualquier hora del día o de la noche, con función o sin ella, significaba para mí una inagotable fuente de distracción y, la mayoría de las veces, de solitarias aventuras, sobre todo cuando se hallaba vacío y yo era en la práctica el dueño de sus rincones y pasillos. Vivía entonces sin saberlo en un mundo de magia e ilusión; tal vez como el de todos los niños, pero este mío adquiría una calidad de doble fondo especular gracias al ambiente de fantasía, imaginación e irrealidad de que mis padres se habían rodeado.

Por el lado de la realidad, era todavía un mundo de cierta ambigüedad económica y hasta de alguna abundancia que por momentos ocultaba el verdadero estado de las cosas. Quizá la idea de periodos de solvencia me venga del recuerdo de una gran cocina en que mi madre preparaba en diferentes temporadas una de cuatro o cinco delicias: uno seguía los pasos del cacao —que se transformaría en chocolate— desde que estaba en gruesos granos hasta no verlo convertido en una masa oscura que, una vez fundida en un enorme perol de cobre, pasaba a ser extendida en una superficie plana, quizá una ancha tabla con cuatro patas *ad hoc*, o una mesa; esta masa adquiría minutos más tarde la forma de tabletas circulares que todos ayudábamos a moldear presionando sobre ella, todavía caliente, la boca de un vaso de vidrio; inmediatamente después, haciendo presión de la misma manera con el otro extremo del vaso, se les imprimía en el centro la estrella de

muchas puntas que éste traía como distinti-
vo; puestas a secar, estas tabletas se guarda-
ban en la despensa para ser consumidas a lo
largo de varios meses; la ayuda en la produc-
ción nos redituaba, a mis hermanos y a mí,
una rica abundancia de sobrantes.

Toda esta operación, con las variantes
del caso, se repetía con otros productos: el café,
que se tostaba en grano durante toda una tarde
en comales de barro y que invadía toda la casa
con su aroma; el dulce de leche, que se soli-
dificaba al fuego muy lentamente mientras era
batido sin interrupción con una enorme pala
de madera, y al que ya bien cuajado se daba
la forma de bloques como pequeños ladrillos;
las cáscaras de los limones que se cristaliza-
ban en almíbar, junto a las de las naranjas, que
pasarían a convertirse en mermelada para ser
guardada en frascos de vidrio; los caramelos
de leche, llamados de mantequilla, que se
envolvían en papel manteca y que mi madre
hacía para la venta (yo mismo, como por juego,
los llevaba a vender entre el público, en los
intermedios de las funciones de teatro y ante
la sonrisa benévola de los amigos de mis padres
que me conocían). Para la venta, quizás más
en serio que en broma. Para entonces la
pobreza comenzaba a instalarse en casa.

Sin embargo, esa misma pobreza, entonces apenas insinuada, fue siendo asumi-

da, si no como deseable, sí como algo natural y hasta divertido: la familia entera estaba envuelta en la atmósfera de las ingeniosas triquiñuelas y en las adversidades de Gil Blas de Santillana (transmutadas automáticamente en enseñanzas morales), en el infortunio en que concluían sin remedio las locas empresas de don Quijote (la lección que se desprendía de ellas consistía en que la defensa de la justicia y el bien estaba de antemano condenada al fracaso, pero que de cualquier manera valía la pena intentarlo de nuevo) y en el ambiente de las óperas *La bohemia* y *La traviata*, que en casa se oían y se tarareaban sin cesar. Todo esto nos inculcaba el sentimiento y la convicción muy firme de que la pobreza, la enfermedad y el fracaso y hasta la muerte podían ser soportables y aun bellos si uno se mantenía fiel al amor, a la amistad y, naturalmente, sobre todas las cosas, al arte.

XXI

Era la época final del cine mudo, y la
mía y la de mis amigos la edad en que resultaba difícil imaginar que las personas que se
movían en el espacio blanco no fueran de carne
y hueso, aun cuando, como en nuestro caso,
pudiéramos verlas también desde el otro lado
de la pantalla. Con nuestro libre acceso al
escenario, mis amigos y yo jugábamos en
columpios colgados del techo detrás del
enorme lienzo, mientras veíamos en él, sin
prestarles mayor atención, las gigantescas
imágenes de hombres y mujeres que se be-
saban, de hombres a caballo galopando en
persecución de otros por la llanura rocosa, o
de humeantes locomotoras que se nos venían
encima con enorme velocidad y peso sin
hacernos el menor daño. Por lo general es-
tábamos abstraídos en lo nuestro; en nuestros placeres, inocentes o prohibidos. Sólo
cuando nos hallábamos en el lado correcto,
es decir, entre el público, veíamos la "realidad" de aquellas escenas, en que extrañas

mujeres ojerosas y de movimientos rápidos caían en brazos de hombres ataviados de árabes, de romanos, o simplemente vestidos como nuestros padres; o que rechazaban a esos mismos hombres con amplios gestos dramáticos, cubriéndose el rostro con el brazo; y deséabamos con ardor que los forajidos fueran alcanzados y abatidos a balazos por el jinete del caballo blanco (Tom Mix), quien después correría a desatar a la mujer tendida en la vía del tren segundos antes de que éste pasara sobre ella. Todo esto era cierto cuando se estaba entre el público, que reía o se asustaba, según el caso, y uno compartía su miedo en *El fantasma de la Ópera*, cuando el horror persistía durante las tres noches seguidas que duraba la exhibición, y entonces era mejor no ir a ver lo que sucedía detrás de la pantalla.

XXII

Ese teatro fue para mí algo más que el escenario de figuras que se movían sobre un fondo blanco. Mi padre sobrepasaba allí su papel de gerente. Él y mi madre pertenecían a familias bien y por tanto frecuentaban y formaban parte de la llamada sociedad. Pero las empresas fallidas de él, junto con la gradual extinción de la fortuna de ella, habían comenzado a hacerse sentir, y nuestro nivel de vida y social era cada vez más difícil de sostener, aun en apariencia. Por otra parte, como ya he dicho y me gusta repetir, mi padre gozaba de una gran popularidad. Era hombre elegante, de salidas oportunas, amigo de sus amigos y predilecto de las mujeres, entre las cuales se desenvolvía de tal manera que sospecho que muchas de ellas fueron algo más que sus amigas, aunque en ese tiempo yo no lo pudiera formular así. Entre los hombres, sus amigos eran poetas célebres, de la localidad o de paso, políticos de la oposición y periodistas brillantes e ingeniosos que lo seguían en la charla, en la aventura y en la fiesta, pero que no podían hacer nada para evitar —o que compartían— su progresivo hundimiento en el alcohol y el fracaso.

Mi mundo de fantasías infantiles se resolvía no por el camino de la realidad sino por el de otras fantasías, y éstas a su vez en otras, en una sucesión que no terminaba nunca y que aún no termina. Mi padre vivió siempre sumergido en sueños y con toda seguridad murió envuelto en ellos. Pasar de un mundo de ficción sin objeto a otro más definido, como sería el de la literatura, tal vez sea lo poco que salvé de su herencia, transmitida quién puede decir por qué conductos: podría ser que sus amigos poetas estuvieran incidiendo ya en el curso de mi vida cuando llegaban a casa a recitar sus poemas. Sus amigos toreros, prestidigitadores, cantantes, magos o pintores, la mayoría fracasados y nostálgicos de éxitos imaginarios en el pasado, pero al fin artistas, encaminarían mi niñez, abriéndole el universo de los personajes de la imaginación que ellos representaban tanto en público como en la vida diaria, aplicando ingenuamente su candorosa picaresca y sus trucos para sobrevivir en una sociedad mediocre, poblada de horrorosos seres (policías, caseros, acreedores, soplones o espías) de carne y hueso.

Creo que el poeta José Santos Chocano había escrito

Tegucigalpa allá asoma
—bella, indolente, garrida—
Tegucigalpa allá asoma
como un nido de paloma
en una rama florida.

Pero al principio, Tegucigalpa sería entonces, para mí, igual que cualquier otra ciudad para cualquier niño. Una casa, una calle. Con el tiempo las posibilidades de aventura en esa calle se alargarían y por las mañanas sin escuela podría llegar, sin que nadie me vigilara, al final de la cuadra, en donde se encontraba el teatro, entrar en una pequeña oficina y ponerme a observar el trabajo (para eso era hijo del gerente) de un señor amable que me recibía bien y que con un par de tijeras, un frasco de pegamento y un pincel muy fino cortaba fragmentos quemados o rotos de una cinta de celuloide que con toda paciencia y esmero volvía a unir por las partes sanas. Esa cinta era la película que yo había visto la noche anterior y que ese empleado reparaba centímetro a centímetro mientras me conversaba. Si prometía no tocarla, yo podía mirar, en un aparato parecido a un microscopio, las caras y los gestos de los artistas, inmóviles y sin diferencia aparente de postura en cada cuadro. A ambos lados de la cinta había pequeños agujeros cuadrangulares que encajaban muy bien en las ruedas dentadas por las que la película avanzaba paso a paso durante toda la mañana. Convertida en rollo se enlataba y se ponía junto a otros que habían pasado por el mismo proceso.

Quizá un año después la ciudad se prolongaba hasta la tienda-heladería de unas amigas y hasta parientes de mi madre, cuyo hermano "Quincho" (por Joaquín) era un loco inquieto de larga barba cenicienta, de mirada perdida y enemigo de los perros callejeros, a los que perseguía durante cuadras y golpeaba inmisericorde con su grueso bastón.

Desde esa tienda se llegaba al Parque Central, con su estatua ecuestre supuestamente del general Francisco Morazán, héroe de la patria centroamericana hecho fusilar en Costa Rica. Los días 15 de septiembre, aniversario de la Independencia, uno iba con su escuela a ese parque, vestido de blanco, y permanecía ahí en fila y de pie mientras oía un discurso o cantaba el himno nacional. Si en alguna ocasión la lluvia caía sobre uno durante la ceremonia, se resistía estoicamente, porque era el deber ese gran día de fiesta. Después se ha averiguado que la efigie a caballo que venerábamos, y que aún está ahí, no era en realidad la de Morazán. Un funcionario hondureño y ladrón, que recibió el encargo de mandar hacer en Francia la escultura, habría comprado allá por la vigésima parte de su precio una estatua sobrante del mariscal Ney. Pero ésas son vulgaridades: el hombre se ve bastante bien a caballo y con la espada desenvainada en alto, y yo prefiero seguir pensando que era Morazán, el héroe unionista. Se acudía también a ese parque para estar con los amigos, sentados en las bancas, conversando y viendo a la gente mayor, que se paseaba y leía o comentaba el periódico, mientras hombres jóvenes y mujeres jóvenes daban vueltas al parque en sentido inverso.

Alrededor del parque la ciudad se ampliaba; pero ahora vuelvo a casa y al teatro porque es en éste en donde va a tener lugar mi primer amor, con la llegada de una compañía mexicana de variedades. Formaba parte de la *troupe* Gloria Travesí, la mujer más hermosa del mundo, que maravillaba al auditorio —entre el cual yo humildemente me contaba— con su interpretación de canciones de Agustín Lara. Esta mimada del público cantaba sus canciones en el centro del escenario, vestida de *smoking*, sombrero de paja ladeado sobre la cabeza y un fino bastón con empuñadura de plata bajo el brazo, todo lo más parecido posible a Maurice Chevalier. Tendría unos once años y yo nueve.

La compañía estaba formada en lo fundamental por una sola familia de apellido Travesí, que descomponían ingeniosamente en el anagrama Sevrati, para dar mayor variedad a los nombres de los artistas. Había parado en Tegucigalpa para una temporada de tres semanas, que coincidían con mis vacaciones escolares. Este tipo de compañías llegaban unas dos veces al año. ¿Por qué nunca volvían? Las actuaciones de la Sevrati-Travesí tenían lugar después de la película y presentaban de todo un poco. Comenzaban con tres coristas que bailaban algo parecido al can-can de Offenbach. En determinados momentos levantaban la pierna derecha —las medias eran negras y caladas sujetadas a la cintura por anchas ligas— y la removían en dirección al público sacudiendo frenéticamente las enaguas y lanzando agudos grititos antes de voltearse y mostrar el trasero. Estas mismas mujeres, con largos trajes de china poblana o veracruzanos, aparecían también al final, cuando la compañía en pleno cantaba alguna canción mexicana que iba subiendo de tono con todos en fila tomados de la mano antes de que el telón cayera por última vez. Un *sketch* cómico en el que los artistas se dicen cosas procaces al mismo tiempo que se empujan y se separan yendo cada uno hacia cada extremo del escenario para volver a encontrarse, decirse gracias parecidas, y vuelta a lo mismo entre las risas del público. Un acto de magia, prestidigitación y telepatía: el mago escoge a dos o tres personas del público, las invita a subir y las asombra revelando algo muy secreto de sus vidas (ese acto dejó de interesarme cuando dos días después del debut oí decir a mi padre, de sobremesa, que entre.él y un amigo habían informado previamente al mago de la vida e intimidades de aquellos señores). Un cantante vestido de charro mexicano canta dos o tres canciones entre bravías y quejumbrosas, con intervalos que aprovecha para moverse echando para atrás su enorme sombrero, ajustándose el cinturón, y golpeando con la mano la pistola que trae al cinto. Cuatro perritos caminan en dos patas, o saltan a través de un aro que su amaestrador pone cada vez más alto, y parece que ahora uno de los perritos no va a poder hacerlo, pero por último sí puede y el público manifiesta entusiasmado su alivio. Un ventrílocuo con un muñeco ingenuo y otro insolente en cada pierna. Y de pronto —para mí era siempre de pronto aunque lo esperara minuto a minuto— la bella, cantando su *pièce de résistance* y la favorita del público: *Capullito de alhelí.*

Me apasioné tanto por esta mujer que

casi no había modo de que mis padres me impidieran ir a verla todas las noches. Cuando no lograba su permiso, alguna vez en que la función iba a terminar demasiado tarde para un niño de mi edad, me sumía en una gran tristeza y, aunque a regañadientes me acostara y apagara la luz, luchaba contra el sueño y no me dormía mientras no me llegaran, lejanos y apenas audibles, los ecos de su voz y las notas finales de su actuación maravillosa, seguida de los estúpidos aplausos de la gente mayor que se arrogaba el derecho de verla y oírla cuando quería.

En verdad era un privilegio ser hijo del gerente que había contratado a la compañía, y una ventaja vivir casi dentro del teatro. La que durante las noches era una estrella inalcanzable, una *vedette* admirada por todos, en las mañanas o en las tardes siguientes venía a casa con cualquier pretexto, después de sus ensayos, vestida con ropa normal, es decir, sin boquilla entre los labios, sin sombrero de paja, sin bastón y sin maquillaje. Entonces podía ver sus pecas, y cuando se reía mucho el hueco de un primer molar que le faltaba, pero eso no hacía que dejara de fascinarme, como tampoco la vista de sus pies lastimados, un poco morados, un poco grandes y con las uñas a medio pintar. Así, los días de la temporada comenzaron a correr demasiado aprisa, y era urgente que yo le declarara mi amor, lo que me horrorizaba y siempre posponía. ¿Por qué —pensaba— tenía que ser así? Aparte de que esa formalidad me parecía ridícula, era evidente que yo la amaba, tan evidente que en casa, a la hora de la comida, se hablaba de eso con tanta brutalidad que yo me levantaba sonrojado de la mesa y corría a esconderme en cualquier parte. En cuanto a ella, mujer de mundo y famosa, procedente de una gran capital, no era tan tímida como yo, y a todos les decía en voz alta que me quería y que yo era su novio, y se reía cuando yo lo negaba furioso, pues yo sabía que aún me faltaba el requisito de decirle te quiero, o quieres ser mi novia, y me dolía que ella no guardara nuestro amor en secreto, como yo suponía que debía ser, sin que nuestros padres se enteraran y se rieran, y por eso yo negaba que fuéramos a casarnos, y todo era muy triste, difícil y doloroso. Lo fue más cuando su destino de artista, que la llevaba siempre a nuevos lugares de triunfo en países lejanos, marcó el fin de aquella temporada. Mi dolor fue muy grande y sólo en la imaginación me atreví a vivir con ella una escena de amor final. En la realidad me conformé con llevarle una rosa el día de su partida, y con dársela en señal de despedida para siempre.

XXIII

Conforme pasaban los años y la ciudad seguía abriéndose a mi curiosidad, comencé a distinguir con cierta precisión la diferencia existente entre lo que se sueña dormido y lo que se sueña despierto; entre las personas en que podía confiar y aquellas a las que era preferible neutralizar manteniéndolas alejadas; entre el contenido de una novela de aventuras y el de un libro de historia, con el de las novelas históricas en medio; pero todavía no mucho entre el universo de la fantasía y el de la realidad, si bien empezaba a saber por experiencia propia lo que era posible y lo que no, lo que me estaba dado alcanzar y lo que finalmente se quedaría en mero anhelo. Este estira y afloja era el mejor modo de conocer el mundo y de aprender a moverme en él sin peligro y sin riesgo de frustraciones, de donde no había más que un paso para empezar a reprimir los deseos de la adolescencia y a declarar fuera de mi alcance, y hasta de mi derecho, todo aquello que mis amigos

y compañeros iban obteniendo: cosas materiales, seguridad en sí mismos, y novias.

La ciudad se extendía ahora desde el
Parque Central hasta llegar al puente Maillol,
con el Palacio Nacional muy cerca, en el que
se encontraría o se encontraba ya el presidente
y tío de mis compañeros de juegos, el general Carías. Graciosamente asomada a un balcón
de ese palacio, la señora presidenta en persona
saludaba todas las mañanas a sus amigas que
pasaban por la calle, y les ofrecía los nacata-
males hechos por ella misma que tendría a la
venta el próximo sábado. Del otro lado del
río —llamado Río Grande o del Hombre—
estaba la ciudad vecina de Comayagüela, en
donde residían mi abuela materna y su actual
esposo, a quienes mis hermanos y yo visitá-
bamos los domingos por la tarde con la seguridad de que al despedirnos él pondría en
nuestras manos unas monedas de plata.

En otra dirección, y hacia arriba, el
amplio Parque de la Leona, a donde se iba a
patinar por la tarde con los amigos, y en donde
surgió de nuevo el amor, en esta ocasión el
amor adolescente, inspirado una vez más por
la mujer más bella del mundo: inalcanzable,
intocable (sobre todo intocable, con los lin-
dos senos que tenía), convertida una vez más
desde el primer instante en el amor imposible,
en el amor tortura. Si no, ¿cómo es que uno,

sabiéndola perdida de antemano, y conquistada por otro, caminaría varios kilómetros todas las tardes por la calle real de Comayagüela hasta llegar al pie del Obelisco para desde ahí, escondido, ver fugazmente su rostro, su cabello rubio sobre sus hombros, cuando al lado de su padre pasara en su coche de regreso del colegio, y para después de esos quince segundos, sin que ella se enterara de nada, desandar bajo la lluvia o bajo el sol el largo camino de regreso a casa?

Que ya no será la casa de antes, pues en cinco o seis años muchas cosas han ocurrido en la familia, sobre todo en materia de finanzas, y las casas ya no son nunca las mismas porque uno se cambia con frecuencia, y los cobradores de la renta llegan y uno dice no, mi papá no está, y uno sabe que sí está y el cobrador también, y días después uno se ha mudado a otro barrio; y así uno se va curando de su amor y dejando de pensar en la bella de los pechos hermosos, y hasta olvidándose de odiar a su amigo rico que tenía ésta y todas las novias del mundo, y podía ir a las fiestas del club vestido de *smoking*, mientras uno tenía que conformarse con pasar como distraídamente por ahí, y a través de una ventana verlos bailar en el salón iluminado, antes de volver a casa, a la casa que fuera, a leer la *Vida de Goethe* de Emil Ludwig, o la *Vida de Napoleón*

de Emil Ludwig, cualquier vida, según, lejana y ejemplar.

XXIV

Como mi alcance de la ciudad, mis amigos también crecían y eran ahora estudiantes de los que yo aprendía cosas: vidas de poetas, de emperadores; otras vidas y otras cosas.

Innumerables recuerdos se borran al no más aparecer. Un momento, un instante. El simple hecho de escribir esta línea, el tiempo que me toma, hace que se desvanezcan decenas de ellos.

De cualquier manera, me detengo, trato de asir algo y veo muy vívidamente el aeropuerto de Toncontín en Tegucigalpa. Estoy ahí a los seis años, el día en que en medio de una inquieta y colorida muchedumbre, bien asido a la mano de mi padre, después de una espera de largas horas con la mirada fija en el cielo, vemos entre las nubes el feliz arribo del aeroplano de Charles Lindberg, el *Espíritu de San Luis,* que con Charles Lindberg adentro apareció primero en forma de un puntito negro en el horizonte; y observo cómo cientos de hombres y mujeres y niños se dirigen hacia él corriendo entusiasmados, cada quien tratando de ser el primero en contemplar de cerca y de tocar con sus propias manos extendidas el milagroso aeroplano de un ala con que el héroe había atravesado solitario y de un solo brinco el océano Atlántico.

De pronto, en Guatemala, de un único vistazo, como si lo hiciera desde mi propio avión, visualizo el parque de San Sebastián con sus bardas cubiertas de musgo; más allá hombres mayores y niños que tratan de elevar y de hecho elevan enormes cometas, barriletes de colores corriendo contra el viento en las faldas del popular Cerrito del Carmen; al otro lado de la ciudad, un tren diminuto llamado la Maquinita de Covil (¿por el nombre de su constructor, algún francés apellidado Decauville?); y en este extremo, el Potrero de Corona y el Puente de las Vacas, cerca del cual, siendo muy niño, me perdí durante varias horas una tarde y una noche oscura; y el templo de Minerva, con sus columnas griegas, que en los años iniciales del siglo el dictador Manuel Estrada Cabrera había mandado erigir para celebrarse a sí mismo y su mundialmente reconocido amor al saber.

Con la imaginación de nuevo en Tegucigalpa, oigo a mi hermano ensayar las "Granadinas":

Adiós Granada, Granada mía,
ya no volveré a verte
más en mi "vía",

que esa noche va a cantar en el teatro, al lado de su amigo "Casitas", con quien también interpretará a dúo la canción que dice tristemente

¿Dónde estás, corazón?
No oigo tu palpitar,

y los dos son los mejores cantantes jóvenes aficionados de la ciudad. Mi hermano había desarrollado una linda voz de tenor del tipo de la de Tito Schipa; la mejoró hasta donde pudo con sobresalientes profesores de canto de ambos países, pero nunca dio el paso definitivo para explotarla. Fue uno de mis primeros maestros, sin darse cuenta. Un día, siendo yo todavía muy chico, me aseguró que Rubén Darío era el mejor poeta de la lengua española, pero que Dante era el más grande en cualquier idioma, y en ninguno de ambos casos yo no tenía por qué no creerle. Mientras jugaba, y sin venir a cuento, se detenía de pronto y decía cosas del *Quijote* tales como "¡Ah, ladrón Ginesillo, deja mi prenda, suelta mi vida!", o como "Vencido sois, caballero,

y aun muerto, si no confesáis las condicio-
nes de nuestro desafío", que yo aprendía de
memoria y repetía. De vez en cuando afirmaba
en la mesa que el máximo torero de todos los
tiempos era Joselito y el mejor cantante del
mundo Caruso.

—Pero antes hubo otro —dice mi
padre—, tal vez superior, pero que no alcanzó
la época de los discos: el español Julián
Gayarre.

Y así día tras día y a todas horas: *La
viuda alegre*, *Pagliacci*, Amelita Galli-Curci,
Los intereses creados de Jacinto Benavente,
don Ramón del Valle-Inclán y su Marqués de
Bradomín, el rey Alfonso XIII (¡lagarto!),
bohemio también y por tanto querido, desli-
zándose por las noches fuera de palacio para
convivir con toreros y cupletistas, José María
Vargas Vila, Enrique Gómez Carrillo y sus
mujeres y amantes famosas: Raquel Meller y
Mata Hari, las novelas de Emilio Carrère y El
Caballero Audaz, todo entrando por mis oídos y acumulándose en mi mente en ese mismo orden. E igual con otros nombres y otra
vez los mismos al día siguiente, siempre entre
bromas y risas; hasta que el pan volvía a su
terca tendencia a escasear y los cobradores a
la suya a insistir; la pobreza aumentando y el
alcohol de mi padre apoderándose cada vez

más de él entre aquellas risas y las de sus amigos poetas, escritores, periodistas, pintores, toreros, abogados, actores, políticos que lo prometían todo para cuando triunfaran y fueran presidentes: imprentas, periódicos, revistas, teatros, todo para mañana, mientras en el cielo azul y las nubes inmaculadas, tranquilas de Tegucigalpa, los negros zopilotes, elegantes y perezosos, volaban con libertad, entregados a sus amplias evoluciones, o, bajando de pronto, se concentraban en algún punto de la ciudad, del río o de los cerros vecinos, en los que habían olfateado su ordinario festín de vacas, perros o caballos muertos.

Era 1936, terminaba la infancia y había llegado la hora de marcharse y no volver jamás.

En la composición de *Los buscadores de oro*
se emplearon fuentes tipográficas Garamond
y Stempel Garamond de 14/16 puntos. Terminó de
imprimirse el 30 de julio de 1993 en los talleres de la
Compañía Editorial La Prensa, Basilio Vadillo 29, 9º
piso, Col. Tabacalera, México, D.F. La edición
estuvo al cuidado de Marisol Schulz Manaut.
Se tiraron 15,000 ejemplares más sobrantes
para reposición.